Oswald Spengler

L'uomo e la macchina
Contributo a una filosofia della vita

a cura di Gianni Ferracuti

Weimar Caffè
Modernità e Memorie, 2022

Il testo di Spengler e la traduzione sono di pubblico dominio.
Edizione originale:
Oswald Spengler, L'uomo e la macchina. Contributo ad una filosofia della vita, *traduzione autorizzata di Angelo Treves, Società Anonima Edizioni Corbaccio, Milano 1931*

INDICE

Processo e mezzi, lotta e arma - Sviluppo e adempimento - La transitorietà come forma del reale.

L'uomo è un animale da preda - Essere preda e fare preda - Il movimento come fuga o come attacco - L'occhio dell'animale da preda e il suo mondo - Invariabile tecnica specifica degli animali, e tecnica inventiva dell'uomo.

La mano come organo del tatto e dell'azione - Distinzione fra la fabbricazione e l'uso dell'arma - Liberazione dalla costrizione della specie - «Il pensare dell'occhio» e «il pensare della mano» - Mezzo e fine - L'uomo come creatore - L'azione del singolo - Natura e «arte» - La tecnica umana artificiale - L'uomo contro la Natura: la tragedia dell'uomo.

Introduzione
Gianni Ferracuti

Introducendo l'edizione spagnola dell'opera maggiore di Oswald Spengler (La decadencia de Occidente, con traduzione di Manuel García Morente), José Ortega y Gasset sottolineava l'inizio, a partire dal 1900, di un nuovo percorso nel cammino intellettuale e nel pensiero, ovvero la progressiva costruzione di un "organismo di idee" peculiari al XX secolo, volto al completo superamento del secolo precedente, che appariva non solo superato, ma anche grossolano nelle sua ideologie. In questa nuova prospettiva intellettuale, Ortega riserva un posto di primo piano a Spengler, nonostante che - scrive - "uno dei gravi difetti dello stile di Spengler sia presentare come esclusive, e sue proprie, idee che, in maggiore o minor misura, erano già state formulate in precedenza da altri". Ma con tali idee Spengler costruisce una poderosa filosofia della storia, basata sull'assunto originale che esiste, appunto, una realtà storica. Mentre Hegel vedeva negli eventi umani il risultato della dialettica astratta dei concetti, Taine la derivava dalla geografia, Chamberlain dall'antropologia e Marx dall'economia, Spengler "crede di scoprire la vera sostanza, il vero oggetto storico nella 'cultura'. La 'cultura', ovvero un certo modo organico di pensare e sentire, sarebbe per lui il soggetto e il protagonista di ogni processo storico".

Mettere al centro della riflessione la storicità della storia - se mi è consentito usare questa espressione - è certamente un dato fondamentale per l'interpretazione del passato e del presente, ma appunto non era un'idea totalmente originale di Spengler; prima ancora ne aveva *parlato Marx, il cui materialismo storico era proprio il progetto di studiare la storia eliminando ogni chiave di lettura che non fosse storica e, anzi, facesse appello ad entità metafisiche o a concettualizzazioni estrinseche al divenire storico. Ma poi Marx aveva utilizzato prevalentemente meccanismi economici per comprendere l'evoluzione delle società e, pur trattandosi di meccanismi molto validi, aveva comunque realizzato una riduzione della prospettiva e l'esclusione di altri, non meno importanti fattori.*

Di fatto, il vero precursore, che aveva messo al centro della sua riflessione la storicità della vita sociale e delle culture, era stato il Vico, non a caso riproposto da autori contemporanei molto sensibili al tema storico, come lo stesso Ortega o Miguel de Unamuno.

In questo testo, L'uomo e la macchina, *pubblicato in edizione italiana nel 1931, nella traduzione di Angelo Treves, Spengler usa in modo magistrale l'analisi storica per fornire una teoria tutt'altro che banale sull'origine della tecnica, sul suo sviluppo, cresciuto al punto da dare vita a una civiltà delle macchine, sempre più potente e sempre più problematica, e sulla sua crisi: la civiltà faustiana, come Spengler chiama l'ultima fase della civiltà europea, ha proprio nelle macchine e nella tecnica l'elemento principale della sua dissoluzione.*

Questo sguardo pessimista sul futuro è tutt'altro che ingiustificato, anche se non va accolto acriticamente. Si tratta di una posizione inserita in un dibattito molto articolato e che andrebbe confrontata, ad esempio, con La ribellione delle masse, *di Ortega, con l'antitecnicismo di Unamuno, con l'esaltazione della macchina di Marinetti e del futurismo, con la riflessione sul dominio della tecnica svolta da Ernst Jünger nell'*Operaio, *o da Gramsci sul fordismo, per* non parlare del dibattito suscitato dalla potenza distruttiva della seconda guerra mondiale, ben più grande della guerra precedente, o dai potentissimi strumenti di controllo sociale e condizionamento del nostro mondo attuale.

La tecnica è il problema principale dell'uomo odierno, impossibilitato a sottrarsi al dominio capitalista e finanziario, che con essa può realizzare la più totalitaria delle dittature, mantenendo formalmente in vigore tutte le apparenze e le procedure delle democrazie. Questo rende estremamente interessanti e ricche di contenuti sia la prospettiva pessimista di Spengler, sia quella entusiasta di Marinetti, sia quella problematica di Jünger, che dalla tecnica vede scaturire una figura nuova, e al tempo stesso un impegno immane di dominio. Non a caso, queste tre prospettive si ritrovano in un punto comune: in tutte, la condizione storica impone all'uomo, anche al cittadino comune, la necessità di vivere la propria vita con un atteggiamento "eroico".

Prefazione

Presento in queste pagine una breve raccolta di pensieri che ho tolti ad un'opera di maggior lena alla quale lavoro da anni. Era mia intenzione applicare quel modo di trattazione, che nel Tramonto dell'Occidente impiegai esclusivamente per il gruppo delle civiltà superiori, alla premessa storica di questa, alla storia degli uomini dalla loro origine in poi. Con quell'opera ho dovuto constatare che la maggior parte dei lettori non è in grado di abbracciare con lo sguardo l'intera massa dei pensieri, e perciò si perde nei singoli campi che gli sono più familiari e vede male o non vede affatto il resto: formandosi così una falsa immagine tanto di ciò che io dissi quanto della cosa stessa di cui io parlai. Resto convinto, prima come dopo, che per comprendere il destino dell'uomo è necessario considerare contemporaneamente, e confrontandoli fra loro, tutti i campi della sua azione e non commettere l'errore di illuminare la politica, la religione o l'arte partendo solo da singoli aspetti della sua esistenza e credendo così di esaurire tutto l'argomento. Nondimeno, oso fare il tentativo di porre qui un piccolo numero di domande che sono connesse fra loro e perciò sono idonee a dare fin d'ora un'idea del grande mistero del destino dell'uomo.

La tecnica quale tattica della vita

I.

Il problema della tecnica e dei suoi rapporti con la civiltà e la storia appare solo nel secolo decimonono.

Il secolo decimottavo, con quel suo fondamentale scetticismo, con quel dubbio che equivale alla disperazione, aveva posto il problema del senso e del valore della civiltà: problema che condusse all'esame di altri problemi subordinati. Fu così creata la possibilità di considerare oggi, nel ventesimo secolo, la storia del mondo, in genere, come un problema per sé stante.

Allora, all'epoca di Robinson e di Rousseau, dei parchi inglesi e della poesia pastorale, si ravvisava nell'uomo «primitivo» una specie di pastorello, pacifico, virtuoso, corrotto più tardi dalla civiltà. Si trascurava completamente l'elemento tecnico, e, in ogni caso, si credeva che, di fronte alla trattazione morale, non meritasse di essere preso in considerazione.

Ma la tecnica meccanica, che ebbe colossale sviluppo dopo il tempo di Napoleone nell'Europa occidentale, con le sue città industriali, con le ferrovie e coi battelli a vapore, costrinse infine a porre seriamente il problema. Che significa tecnica? Quale è il suo senso nella storia, quale il suo valore nella vita dell'uomo, quale il suo posto morale o metafisico? A queste domande furono date parecchie risposte, ma tutte si possono, in fondo, ridurre a due.

Da un lato, idealisti e ideologi, gente rimasta in arretrato, rimasta al classicismo umanistico del tempo di Goethe, disprezzavano come trovantisi all'infuori e al *disotto* della cultura, le cose tecniche e i problemi economici in genere. Goethe, col suo grande senso di tutte le realtà, aveva tentato, nel secondo *Faust*, di penetrare nel più profondo di questo nuovo mondo di fatti. Ma già con Guglielmo von Humboldt comincia la visione filologica della storia, estranea alla realtà, e si finì col valutare l'importanza e il rango d'un'epoca storica dalla quantità di quadri e di libri che in essa furono composti. Allora, un principe era apprezzato solo se si mostrava mecenate: ogni altra sua qualità non contava. Lo Stato era un costante perturbatore della vera cultura, la quale si sviluppava nelle sale di audizioni musicali, negli studi dei dotti e nei laboratorii; la guerra era una inverosimile barbarie, residuo di tempi tramontati, e l'economia era qualcosa di prosaico e di scipito, che si trascurava sebbene se ne trattasse ogni giorno. Fare il nome d'un grande mercante o di un architetto accanto a quello di poeti e di pensatori era quasi un delitto di lesa maestà contro la «vera coltura». A questo proposito, si leggano le *Considerazioni sulla storia mondiale* di Giacomo Burckardt. Ma quello fu il punto di vista della maggioranza dei filosofi di cattedra ed anche di molti storici, giù giù fino ai letterati e agli esteti delle grandi città moderne, i quali ritengono che la composizione di un romanzo abbia maggiore importanza della costruzione d'un motore d'aeroplano.

Dall'altro lato stava il materialismo, d'origine essenzialmente inglese, che fu di gran moda fra le persone semi-colte nella seconda metà del secolo scorso, nelle appendici dei giornali liberali e nelle adunanze popolari convocate dai radicali, e fra gli scrittori marxisti e quelli di etica sociale che si spacciavano per pensatori e poeti.

Se quelli mancavano del senso della realtà, questi mancavano, in modo preoccupante, di profondità. L'ideale era esclusivamente l'*utile*. Ciò che era inutile all'*umanità*, apparteneva alla coltura, era coltura. Il resto era lusso, superstizione o barbarie.

Ed era utile ciò che serviva alla «felicità del maggior numero». E la felicità consisteva nel non fare nulla. Tale è, in ultima analisi, la dottrina di Bentham, Mill e Spencer. La mèta dell'umanità si fissava nel togliere all'individuo la maggior parte possibile di lavoro per trasferirla alla macchina. Si annunzia la liberazione dalla miseria della «schiavitù del salario», l'eguaglianza nei divertimenti, nel benessere e nel «godimento dell'arte»: il «*panem et circenses*» delle città mondiali. I Filistei del progresso si entusiasmarono per ogni tasto che, premuto, mettesse in moto un congegno risparmiante lavoro umano. Alla schietta religione dei tempi anteriori si sostituì l'insulso fanatismo per le «conquiste dell'umanità», con la quale espressione s'intendevano semplicemente i progressi della tecnica risparmiatrice di lavoro e divertente. Nessuno parlava dell'anima.

Tale non è il gusto degli stessi grandi inventori (fatte poche eccezioni) né dei conoscitori dei problemi tecnici, ma dei loro *spettatori*, che da sé non sono in grado d'inventare niente e che di tecnica non capiscono nulla, ma in questa fiutano qualcosa di vantaggioso per sé medesimi. E con la mancanza d'immaginazione che è caratteristica del materialismo di tutte le civiltà si abbozza un quadro dell'avvenire, la perpetua felicità sulla terra, uno scopo finale e uno stato di durata fondato sulle premesse delle tendenze tecniche del 1880-1890, in stridente contrasto con la *nozione* del progresso, che esclude la costanza, la stabilità. E nascono libri come *La vecchia e la nuova fede* di Strauss, lo *Sguardo retrospettivo dall'anno 2000* di Bellamy, e *La donna e il socialismo* di Bebel. Non più guerre, non più distinzioni di razze, popoli, Stati, religioni, non più delinquenti né avventurieri, non più conflitti generati dalla superiorità e dalla diversità, né odii, né vendette: soltanto un infinito benessere per tutti i millennii.

Ancor oggi, che assistiamo alla fase finale di questo triviale ottimismo, queste sciocchezze ci fanno pensare all'orribile noia (al «*taedium vitae*» dell'epoca imperiale romana) che la semplice lettura di simili idilli diffonde sull'anima; in realtà, se si avverasse anche solo in parte questa concezione, l'umanità si troverebbe condotta a massacri e a suicidi in massa.

Entrambi questi modi di vedere sono oggi invecchiati. Il secolo ventesimo è diventato finalmente maturo, abbastanza maturo per penetrare nel senso ultimo dei *fatti*, dal complesso dei quali è composta la *vera* storia del mondo. Non si tratta più di spiegare, conformemente al gusto privato di singoli o di intere masse, le cose e gli ardimenti in vista di una *tendenza* razionalistica, di desiderii o speranze proprie. Al posto del «deve essere così» o del «dovrebbe essere così» s'inserisce l'implacabile «è così» e «sarà così». Un fiero scetticismo sostituisce i sentimentalismi del secolo scorso. Abbiamo imparato che la storia è cosa che non tiene nessun conto delle nostre aspettazioni.

Il «tatto fisiognomico» (come io definii nel *Tramonto dell'Occidente* ciò che si adopera unicamente a penetrare nel senso di tutto ciò che è avvenuto), lo sguardo dei conoscitori-nati dell'uomo, della vita, della storia, sorvolando i tempi, scopre il significato profondo di ciascun fatto particolare.

2.

Per intendere l'essenza dell'elemento tecnico, non si deve partire dalla tecnica delle macchine, e tanto meno dalla fallace idea che la costruzione di macchine e utensili sia lo *scopo* della tecnica. In realtà, la tecnica è antichissima. Non è nulla di storicamente speciale, ma è cosa enormemente generale. Al di là degli uomini, si riscontra perfino nella vita degli animali, di *tutti* gli animali. Ciò che distingue il tipo vitale dell'animale da quello della pianta è il libero movimento nello spazio, il relativo arbitrio e indipendenza dalla rimanente Natura, e quindi la necessità di mantenersi contro la Natura, di dare alla propria esistenza una specie di senso, di contenuto e di superiorità. Solo partendo dall'*anima* si può trovare il valore della tecnica.

Perché la vita di libero movimento degli animali è lotta e niente altro, e la *tattica* della vita, il suo prevalere o soccombere di fronte agli «altri», alla Natura vivente o morta, decide della *storia* di quella vita, decide se essa sia destinata a formar parte della storia di altri o ad essere storia per altri. *La tecnica è la tattica dell'intiera vita.* È la forma intima del *comportamento* nella lotta che si può identificare con la vita stessa. Questo è l'altro errore che qui si deve evitare: la tecnica non va interpretata partendo dallo strumento. Non ha importanza la fabbricazione delle cose, ma il modo di comportarsi con esse; non l'arma, ma la *lotta*. E come nella guerra moderna è decisiva la tattica, ossia la tecnica della *condotta della guerra,* e i tecnici dell'invenzione, della fabbricazione, dell'impiego di armi valgono solo quali elementi del modo di procedere complessivo, così avviene per tutto.

Vi sono numerose tecniche sfornite di qualsiasi strumento: la tecnica d'un leone tendente agguati ad una gazzella, - e la tecnica diplomatica, e la tecnica amministrativa mirante a tenere in attività lo Stato per le lotte della storia politica. Vi sono procedimenti chimici e della tecnica dei gas. In ogni lotta attorno ad un problema v'è una tecnica logica. V'è una tecnica dell'usare i pennelli, del cavalcare, del pilotare un aeroplano. Non si tratta di cose, ma sempre di un'attività che ha uno scopo. Ciò trascurò spesso l'indagine preistorica, che pensa troppo agli oggetti esposti nei Musei e troppo poco agli innumerevoli procedimenti che debbono essere esistiti ma non hanno lasciato traccia di se.

Ogni macchina *serve* solo ad un procedimento ed è nata dal *pensiero* di questo procedimento. Tutti i mezzi di comunicazione sono sorti dal *pensiero* del viaggiare, del remare, del veleggiare, del volare, e non già dall'immagine del carro o della barca. Il metodo stesso è un'arma. Perciò, la tecnica non è una «parte» dell'economia, come l'economia non è, accanto alla guerra e alla politica, una «parte» indipendente della vita. Tutti questi sono *aspetti* della vita *unica, attiva, lottante, fornita di un'anima.* Ma c'è una via che conduce dalla guerra primitiva degli animali al procedimento degli inventori e ingegneri moderni, e dall'arma originaria, l'astuzia, alla costruzione delle macchine con cui è condotta l'odierna guerra contro la Natura e la Natura è vinta d'astuzia.

Questa via è chiamata progresso. Fu questa la grande parola del secolo scorso. Si considerò la storia come una grande strada sulla quale l'«umanità» procedesse sempre bravamente; e, in fondo, per «umanità» s'intendevano solo i popoli bianchi, le loro grandi città, e, fra queste, solo le grandi città «colte».

Ma dove si andava? E per quanto tempo si progrediva? E che ne sarebbe risultato?

Era alquanto ridicola, questa marcia nell'Infinito, verso una mèta alla quale non si pensava seriamente, che non si tentava di raffigurarsi con chiarezza, che non si *osava* raffigurarsi, perché una mèta è un *termine*. Nessuno fa qualcosa senza pensare al momento in cui avrà raggiunto ciò che vuole. Non si fa una guerra, non si viaggia per mare, non si fa nemmeno una passeggiata senza pensare alla durata e alla conclusione. Ogni uomo realmente creatore conosce e teme il vuoto che segue all'adempimento di un'opera.

Il compimento fa parte dello sviluppo; ogni sviluppo ha un cominciamento, ogni compimento è un *termine*. Con la gioventù è connessa la vecchiaia, col nascere il perire, con la vita la morte. L'animale, il cui pensiero è legato al presente, conosce e paventa la morte come qualcosa di futuro, che *non* lo minaccia. Conosce l'angoscia della morte solo nel *momento* in cui è ucciso. Ma l'uomo, il cui pensiero si è sciolto da questa catena dell'«adesso» e del «qui», e che medita ed almanacca sull'ieri e sul domani, sul passato e sul futuro, conosce la morte in anticipazione, e dalla profondità del suo essere e della sua concezione del mondo dipende la sua capacità di superare o no il terrore della fine. Secondo un'antichissima leggenda ellenica, che nell'*Iliade* è presupposta, ad Achille la madre lasciò scegliere fra una lunga vita o una vita breve ma densa di fatti e carica di gloria: ed egli scelse la seconda.

Si era, e si è, troppo fiacchi e pigri per sopportare il fatto della *transitorietà* di tutto ciò che vive. La si avvolge in un roseo ottimismo di progresso, al quale in sostanza nessuno crede, la si copre con letteratura, ci si rimpiatta dietro ideali per non vedere nulla. Ma transitorietà, nascita e morte sono la forma di *tutto il reale*, a partire dalle stelle di cui non possiamo svelare il destino, fino al fugace brulichio del nostro pianeta. La vita del singolo - animale, pianta o uomo - è tanto passeggera quanto quella dei popoli e delle civiltà. Ogni creatura soggiace alla decadenza, ogni idea, ogni invenzione, ogni atto è soggetto all'oblìo. Dappertutto abbiamo la sensazione di grandi cicli storici scomparsi. Ruderi di opere, un giorno esistite, di civiltà oggi morte giacciono in ogni luogo davanti ai nostri occhi. All'orgoglio di Prometeo che sale al cielo per assoggettare all'uomo le potenze divine, tiene dietro la caduta. Che valore può avere per noi la fiaba delle «eterne conquiste dell'umanità»?

La storia del mondo ha un aspetto molto diverso da quello che s'immagina ancora il tempo nostro. La storia dell'uomo, commisurata alla storia del mondo vegetale e del mondo animale sul nostro pianeta - per tacere della durata della vita del mondo sidereo-, è un'improvvisa ascensione, un episodio di pochi millenni, senza importanza nel destino della Terra, ma di grandezza e forza tragica per noi, nati e viventi sulla Terra. E noi uomini del secolo ventesimo percorriamo visibilmente un cammino discendente. Il nostro modo di vedere la storia, la nostra idoneità a scrivere la storia, sono indizi rivelanti che il cammino piega in giù. Solo sulla vetta delle alte colture, nel loro trapasso a civiltà, questo dono di penetrazione e di conoscenza si presenta fugacemente.

In sé e per sé non ha importanza, quale destino abbia, fra la varietà delle «eterne» stelle, questo nostro piccolo pianeta che in un tratto dello spazio infinito percorre per breve tempo la sua strada; ancor meno ha importanza ciò che per un paio di momenti si muove sulla sua superficie. Ma ognuno di noi, che in sé e per sé è nulla, è gettato in questo turbine per un momento indicibilmente breve, per la durata d'una vita. Perciò è per noi di smisurata importanza, questo mondo in piccolo, questa «storia del mondo». Ed è destino d'ogni individuo l'essere, con la sua nascita, trapiantato non solo nella storia del mondo ma in un determinato secolo, in un determinato paese, in un determinato popolo, in una religione e in un ceto determinati. Non possiamo voler essere, a nostra scelta, figli d'un contadino egiziano del 3000 avanti Cristo o d'un re persiano o d'un vagabondo odierno. Bisogna adattarsi a questo destino - o a questo caso: esso ci condanna ad una certa situazione, a certe vedute e prestazioni. Non c'è «uomo in sé», come favoleggiano i filosofi, ma solo uomini di un tempo, in un luogo, di una razza, di una tempra personale che vince o soccombe nella lotta con un mondo *dato*, mentre l'universo, tutt'attorno, resta divinamente impassibile. Questa lotta è la vita, nel senso di Nietzsche, intesa come procedente dalla volontà di potenza, crudele, implacabile: una lotta senza mercé.

Erbivori e animali feroci

3.

Perché l'uomo è un animale da preda, un animale feroce. Sottili pensatori come Nietzsche e Montaigue lo sostennero sempre. La scienza della vita contenuta nelle antiche leggende e nei proverbi dei popoli agricoli e nomadi, la sorridente intelligenza di grandi conoscitori degli uomini, statisti, condottieri, mercanti, giudici che vissero sulle altezze d'una vita ricca di esperienze, la disperazione di naufragati riformatori del mondo, le imprecazioni di sacerdoti sdegnati, non si curarono affatto di tacere o di contestare questa verità: l'uomo è un animale feroce. Unicamente la solenne gravità di filosofi idealisti e di altri teologi non ebbe il coraggio di dir ciò che sapevano molto bene. Gli ideali sono poltronerie. E tuttavia si potrebbe estrarre dalle loro opere una bella collezione di sentenze che sono loro occasionalmente sfuggite sulla «bestia uomo».

Ma questa concezione deve, infine, essere presa sul serio. Lo scetticismo, l'ultimo atteggiamento filosofico ancora possibile alla nostra epoca, e *degno* di essa, non permette più di discutere su questo argomento: tuttavia, e appunto per questo, io mi ribello a vedute che furono svolte ricavandole dalla scienza naturale del secolo scorso. La trattazione e l'ordinamento *anatomico* del regno animale sono, in conformità con la loro origine, dominati completamente dal punto di vista materialistico. L'immagine del *corpo*, quale si offre all'occhio umano e soltanto

a questo, l'immagine del corpo fatto a pezzi, chimicamente pre-
parato, maltrattato con esperimenti, condusse ad un sistema che
Linneo fondò e Darwin e la sua scuola approfondirono in senso
paleontologico: ad un sistema di dettagli ottici. Ma accanto a
questo c'è un ordinamento tutto diverso, non sistematico, delle
specie della *vita*, che si rivela solo a chi sente nel suo intimo la
concorrenza di vita coi suoi simili, a chi sente quella parentela
fra l'«io» e il «tu» che ogni contadino conosce, e che conosce pure
ogni autentico poeta e artista. Io medito volentieri sulla «fisio-
gnomica» delle specie di *vita* animale, sulle specie delle *anime*
degli animali, e abbandono agli zoologi la sistematica della costruzione del corpo. Allora risulta una tutta diversa *gerarchia
della vita*, non del corpo.

Una pianta vive, sebbene sia solo in senso limitato una creatura vivente. In realtà, c'è vita in lei o attorno a lei.

«Essa» respira, «essa» si nutre, «essa» si accresce, e nondimeno,
per parlare con proprietà, è solo il *teatro* di questi avvenimenti
della Natura circostante, col giorno e con la notte, con
l'irradiazione solare e la fermentazione del terreno: cosicché la
pianta stessa non può volere né scegliere. Tutto avviene con lei
e in lei. Essa non si cerca né il posto né il nutrimento né altre
piante con cui generare posterità. Non si muove: la muovono il
vento, il calore, la luce.

Ora, su questo modo di vita si eleva la vita degli animali, dotata di libertà di movimento, *ma in due gradi.* C'è, fra tutte le
razze anatomiche, una specie, che va dalla monade unicellulare
primordiale fino ai palmipedi e agli animali dall'unghia fessa, la

cui vita si conserva nutrendosi dell'*immobile* mondo delle piante. Le piante non fuggono e non si possono difendere.

Su questa si eleva una seconda specie di vita: animali che vivono di altri animali, *la cui vita consiste nell'uccidere.* Qui la preda è molto mobile, combattiva, ricca d'astuzie d'ogni genere. Anche questa forma di vita è diffusa su tutte le razze del sistema. Ogni goccia d'acqua è un campo di battaglia, e noi che sulla terraferma abbiamo costantemente la lotta davanti agli occhi, tanto che dimentichiamo che è cosa naturale e perfino la sua presenza, vediamo oggi con orrore quali fantastiche forme animali degli abissi marini conducano la vita dell'uccidere e dell'essere uccise.

La bestia feroce è la più alta forma della vita dotata di libero movimento. In essa riscontriamo la massima indipendenza dagli altri, la massima libertà per uso proprio; essa risponde di sé, è sola, rappresenta in modo estremo la necessità di conservarsi lottando, *vincendo, distruggendo.* Il tipo «uomo» acquista un alto rango per il fatto d'essere un animale feroce.

Un erbivoro è, per suo destino, un *animale da preda,* la sua sorte è quella di essere vittima degli animali, ed esso cerca di sottrarsi a questa fatalità fuggendo senza combattere. Un animale feroce *fa* preda. Una di queste due forme di vita è, nella sua intima essenza, difensiva; l'altra è offensiva, dura, crudele, distruttrice. Già la tattica del movimento le distingue; da un lato l'abitudine della fuga, la rapida corsa, l'eludere, il nascondersi; dall'altro lato il movimento *rettilineo* dell'attacco, il balzo del leone, il piombare dell'aquila. C'è una scaltrezza, un giocare d'astuzia nello stile del forte e in quello del debole. Prudenti, saggi in senso umano, *attivamente* prudenti, sono solo gli animali feroci. In confronto con questi, gli erbivori sono stupidi: non solo le colombe «immacolate» e l'elefante, ma perfino le razze più nobili di animali ungulati: il toro, il cavallo, il cervo, i quali solamente nella cieca collera e nell'eccitamento sessuale sono capaci di combattere, e si lasciano addomesticare e guidare da un bambino.

Ancora più forte della differenza dei movimenti è quella degli organi dei sensi. E, coi sensi, si differenzia pure il modo di avere un «mondo». Ogni essere vive, in sé e per sé, nella Natura, in un ambiente, sia che se ne accorga, sia che si faccia o no notare da esso. Solo dal modo misterioso, non spiegabile con la riflessione umana, dei rapporti fra l'animale e il suo ambiente *per mezzo* dei sensi che toccano, ordinano, comprendono, sorge dall'*ambiente* un *mondo circostante* per ogni singola creatura. Gli erbivori superiori sono soccorsi, oltre che dall'udito, dal *fiuto;* ma i carnivori superiori dominano *per mezzo dell'occhio.* Il fiuto è il senso proprio della difesa. L'odorato sente l'origine e la distanza del *pericolo* e dà quindi, al movimento di fuga, una opportuna direzione *per allontanarsi da qualche cosa.*

Ma l'occhio dell'animale feroce ha uno scopo. Già per il fatto che il paio d'occhi, nei grandi animali feroci come nell'uomo, può essere fissato su un punto dell'ambiente, è possibile intimidire la vittima. Già nello sguardo del nemico si trova, per la vittima, l'inevitabile destino, il balzo del prossimo momento. Ma il fissare degli occhi diretti in avanti e parallelamente, significa il *sorgere del mondo* nel senso che è proprio dell'uomo, quale immagine, quale mondo *davanti ai suoi sguardi,* quale mondo non solo della luce e dei colori ma, soprattutto, della prospettiva, della *lontananza,* dello *spazio* e dei movimenti che hanno luogo nello spazio, c degli *oggetti* situati in determinati luoghi. In questa maniera del vedere, che è propria solo dei più nobili animali feroci (gli erbivori, per esempio gli animali unghiati, hanno occhi piantati ai lati della testa, ciascuno dei quali riceve un'impressione diversa, *non di prospettiva),* si trova già l'idea del *dominare.* L'immagine del mondo è il mondo circostante *dominato* dall'occhio. L'occhio dell'animale feroce determina le cose secondo la loro posizione e distanza. Esso conosce l'orizzonte. Misura, in questo *campo di battaglia,* gli oggetti e le condizioni dell'attacco. Il fiutare e lo spiare - il capriolo e il falco - stanno fra loro come l'essere schiavi e l'essere padroni. Un infinito sentimento di potenza si trova in questo ampio tranquillo sguardo, un sentimento di libertà che deriva dalla superiorità e si fonda sulla violenza, sulla consapevolezza di non essere preda di nessuno. Il *mondo* è la preda, e da questo fatto è nata, in ultima analisi, l'umana civiltà.

In ultimo, questo fatto della innata superiorità si approfondì, e come si volse verso l'esterno, verso il mondo della luce con le sue infinite distanze, così si volse verso l'interno diventando la forma dell'anima degli animali forti. *L'anima,* quella enigmatica cosa che sentiamo nel pronunciare questa parola e la cui enigmatica essenza non è accessibile a nessuna scienza, la scintilla divina nel corpo vivente che deve o dominare o soccombere nel mondo divinamente crudele e indifferente, ciò che noi uomini sentiamo come anima, in noi e negli altri, è il *polo opposto* del mondo della luce che ci circonda, nel quale il pensiero e il presentimento dell'uomo suppongono volentieri un'*anima mondiale.* L'anima è coniata con tanto maggior forza, quanto più *solitario* è l'essere, quanto più decisamente l'essere forma *un mondo per sé,* contro tutto il mondo che lo attornia. Che è l'opposto dell'anima d'un leone? L'anima d'una mucca. Gli erbivori sostituiscono alla forte anima individuale il gran numero, l'armento, il sentire e l'agire in comune che è proprio delle masse. Ma quanto meno si ha bisogno degli altri, tanto più si è potenti. Un animale feroce è nemico di tutti. Non tollera nessun suo pari nel territorio che forma il suo dominio: qui ha radice il regale concetto della *proprietà.* Proprietà è il territorio in cui si esercita una illimitata potenza, una potenza conquistata combattendo, difesa contro gli eguali, mantenuta con la vittoria. Non è il diritto su un semplice *avere,* è il diritto di disporre come si vuole di quanto si ha.

Se ben si comprende, si trova che c'è un etica dei carnivori e un'etica degli erbivori. Nessuno è in grado di mutare nulla a ciò. È un semplice fatto: è la forma, il senso, la tattica dell'intera vita. Si può distruggere la vita, ma non cambiarne il genere. Un animale feroce prigioniero, addomesticato (ogni giardino zoologico ne offre esempî) è psichicamente mutilato, infermo, internamente annientato. Certi animali feroci si lasciano morire di fame, se sono catturati. Gli erbivori non rinunziano a nulla, quando diventano animali da cortile.

Tale è la differenza fra il *destino* degli erbivori e quello degli animali feroci. Quello schiaccia, rende piccoli e pigri, questo eleva mediante la potenza e la vittoria, la fierezza e l'odio. Quello è un destino sofferto, questo è un destino che si confonde con l'essere stesso. La lotta della Natura interna contro la Natura esterna non è più risentita come una miseria, come una pena (così Schopenhauer e Darwin si rappresentavano la «lotta per l'esistenza») ma come il grande senso della vita, che la nobilita: così pensava Nietzsche: *amor fati*. E l'uomo appartiene a questa specie.

4.

L'uomo non e un essere semplice, «buono per natura» e sciocco, non è una mezza scimmia fornita di tendenze tecniche, come Haeckel lo descrisse e Gabriele Max lo dipinse.[1] Su questa caricatura cade ancora la plebea ombra di Rousseau. All'opposto, la tattica della sua vita è quella di una magnifica, coraggiosa, astuta, crudele belva. Egli vive attaccando, uccidendo e distruggendo. Vuol essere padrone, da quando esiste.

Dunque, è la «tecnica» in realtà più vecchia dell'uomo? No, no. C'è una enorme differenza fra l'uomo e *tutti* gli altri animali.

---

[1] Solo il sistematico furore di classificazione di semplici anatomici poté mettere l'uomo vicino alla scimmia, ed anche questa eccezione appare oggi prematura e superficiale. Si veda Klaatsch, che pure era Darwiniano: *Il divenire dell'umanità* (1920). Precisamente nel «sistema» l'uomo sta in disparte e all'infuori di ogni ordine: in vari punti del suo corpo è molto primitivo, in altri forma un fenomeno d'eccezione. Ma ciò non importa a noi, che studiamo la sua vita. Nel suo destino, dal punto di vista psichico, egli è un animale feroce.

La tecnica di questi animali è *tecnica di razza:* non è identica, né imparabile, né possibile di sviluppo. Il tipo «ape», da quando esiste ha sempre fabbricato i suoi favi esattamente come oggi, e così li fabbricherà finche si spegnerà. I favi appartengono all'ape come la forma delle ali e la colorazione del corpo. Solo la concezione anatomica degli zoologi può separare la costruzione del corpo dalla forma di vita. Se si parte dalla forma intima della vita, invece che da quella del corpo, la tattica della vita e la conformazione del corpo diventano una sola e medesima cosa, *entrambe* sono espressione di una sola realtà organica. La «specie animale» è una forma non di stabilità ma di movimento, non dell'«essere così» ma dell'«gire così». La forma corporea è la forma del corpo *attivo,* operante.

Api, termiti, castori edificano sorprendenti costruzioni. Le formiche conoscono la coltivazione delle piante, sanno costruire strade, condurre una guerra, non ignorano la schiavitù. La cura dei piccoli nati, la costruzione di fortezze, le migrazioni sistematiche sono largamente diffuse. Singole forme animali possono fare tutto ciò che l'uomo può. Sono tendenze che, nella vita dotata di libero movimento, sonnecchiano come *possibilità.* L'uomo non fornisce nulla che non sia raggiungibile dalla vita nel suo *complesso.*

E, nondimeno, tutto ciò, in fondo, non ha nulla di comune con la tecnica umana. La tecnica d'una specie è *invariabile:* ed è definita con la parola «istinto». Perché il «pensiero» dell'animale aderisce all'«adesso» e al «qui» immediati e non conosce né passato né avvenire, non conosce nemmeno l'esperienza né la preoccupazione. Non è vero che le femmine degli animali «si preoccupino» dei loro nati. La preoccupazione è un sentimento che presuppone la conoscenza di ciò che è lontano, di ciò che *avverrà,* così come la vergogna presuppone la conoscenza di ciò che è *avvenuto.* Un animale non può né pentirsi né disperare. La cura dei nati è, come tutto il resto, un oscuro, inconsapevole impulso in molti tipi di vita. Appartiene alla *specie* e non al *singolo essere.* La tecnica della specie è non solo invariabile ma anche impersonale.

Ma la tecnica dell'uomo, ed essa *sola,* è indipendente dalla vita della specie umana. È questo, nell'intiera storia della vita, l'unico caso in cui l'individuo *si libera dalla costrizione della specie.* Bisogna meditare a lungo per afferrare la prodigiosa importanza di questo fatto. La tecnica nella vita dell'uomo è cosciente, volontaria, variabile, personale, *identica.* Viene imparata e perfezionata. L'uomo è diventato il *creatore* della tattica della sua vita: questa la sua grandezza; - e il suo destino. E la forma intima di questa vita creatrice noi chiamiamo *civiltà,* coltura; la chiamiamo possedere coltura, creare coltura, soffrire della coltura. Le creazioni dell'uomo sono espressioni di questa esistenza in forma *personale.*

5.

Da quando esiste questo tipo dell'ani*male feroce inventivo?* Questa domanda si può anche formulare così: Da quando vi sono uomini? Che è l'uomo? Per quali vie è diventato uomo?

La risposta suona: in grazia della nascita della mano. È questa un'arma senza pari nel mondo della vita dotata di libero movimento. La si confronti con la zampa, col becco, con le corna, con le zanne e con le pinne caudali di altre creature. Da un lato, si concentra in essa il senso del tatto con intensità tale, che quasi si può fare di essa l'*organo* del tatto, accanto all'organo della vista e dell'udito. Essa distingue non solo il caldo e il freddo, il solido e il liquido, il duro e il molle, ma anche il peso, la forma e il luogo delle resistenze, insomma *le cose nello spazio.* Inoltre si aduna in lei l'*attività* della vita così completamente, che tutto l'atteggiamento e l'andatura del corpo si sono, nello stesso tempo, foggiati su essa. Non c'è cosa al mondo che possa essere paragonata a questo membro tastante e operante. All'occhio dell'animale feroce, che «in teoria» domina il mondo, la mano dell'uomo si aggiunge in qualità di dominatrice *pratica.*

Essa deve essere sorta all'improvviso, in confronto col ritmo delle correnti cosmiche, rapida come un lampo, come un terremoto, come tutto ciò che è decisivo nelle vicende del mondo, che fa epoca nel senso più elevato. Anche su questo punto, dobbiamo sbarazzarci delle vedute e secolo scorso quali, dopo le indagini geologiche di Lyell, sono espresse nel concetto di «evo-

luzione». Una variazione lenta, flemmatica, risponde al tempe-
ramento inglese, non alla Natura. Per suffragare quella teoria, si
giocò coi milioni di anni, poiché nulla di simile si mostrava in
periodi di tempo misurabili. Ma noi non potremmo distinguere
fra loro gli strati geologici, se questi non fossero distinti da *catastrofi* di origine e genere sconosciuto, né identificare varie *specie*
di animali fossili se esse non fossero *bruscamente* emerse e non si
fossero conservate *invariate* fino alla loro estinzione. Non sappiamo *nulla* di un «presentimento» dell'uomo; tutte le ricerche e
i confronti anatomici non ci rivelarono che la Natura «presentis-
se» l'uomo. Da quando vengono alla luce scheletri di uomini, si
trova che l'uomo è sempre stato qual è oggi. In ogni adunanza
popolare si riscontra il tipo dell'«uomo di Neanderthal». Ed è
assolutamente impossibile che la mano, l'andatura eretta,
l'atteggiar del capo e il resto si siano sviluppati l'una dopo
l'altro, l'una dall'altro. Tutto ciò è sorto insieme,[2] e improvvi-
samente. La storia dell'Universo procede di catastrofe in catastrofe, sia che noi possiamo o no capirle e spiegarle. Dopo H. de
Vries, questo si chiama «mutazione»: è un intimo mutamento

---

[2] Dappertutto questa «evoluzione»! I Darwiniani dicono che il possesso di queste nobili armi ha favorito la specie nella lotta per
l'esistenza, e l'ha conservata. Ma solo l'arma condotta alla perfezione,
l'arma compiuta sarebbe un vantaggio: l'arma nel corso della pretesa
evoluzione che dovrebbe essere durata millenni, è un peso inutile,
uno svantaggio. E come ci si rappresenta l'inizio d'una tale evoluzione? Questa caccia alle cause e agli effetti, che sono, infine, forma del
pensiero umano e non del divenire mondiale, è alquanto pazzesca, se
si crede di poter penetrare con essa nei misteri dell'Universo.

che di colpo si estende a tutti gli esemplari d'una specie, senza «causa» apparente, come tutto nella realtà. È il misterioso ritmo del reale.

Ma non solo la mano, l'andatura e il contegno dell'uomo debbono essere sorti contemporaneamente; anche (e ciò finora non fu notato da nessuno) la *mano* e lo *strumento*. La mano non armata, per sé sola non ha valore. Essa *esige* l'arma, per essere essa medesima un'arma. Come lo strumento s'è foggiato sulla forma della mano, così, viceversa, la mano s'è foggiata sulla forma dello strumento. È assurdo voler separare queste cose nel tempo. Non è possibile che la mano, una volta perfetta, abbia, anche solo per breve tempo, operato senza strumento. I più antichi resti dell'uomo e dei suoi utensili hanno la stessa età.

Ma ciò che si è ripartito, non nel tempo ma nella *logica,* è il comportamento tecnico, che si suddivise in *fabbricazione* e *uso* dell'arma. Come c'è una tecnica del fabbricare un violino e una tecnica del sonare il violino, così vi fu un'arte del costruire una nave e un arte del navigare, una fabbricazione dell'arco e un'abilità nel tirare. Nessun altro animale feroce *sceglie* l'arma. L'uomo non solo la sceglie ma la *fabbrica,* secondo il suo giudizio individuale. Con ciò ha acquistato una terribile superiorità nella lotta contro i suoi simili, contro gli altri animali, contro l'intiera Natura.

È questa la *liberazione dalla costrizione della specie,* cosa unica, singolare, nella storia della intiera vita sul nostro pianeta. Con ciò è *sorto* l'uomo. Ha resa la sua vita attiva indipendente, in alto grado, dalle condizioni del suo corpo. L'istinto della specie continua a sussistere con piena forza, ma da esso è derivato un pensiero, un agire riflessivo dell'individuo, che è libero dalla coercizione della specie. Questa libertà è libertà di scelta. Ciascuno fabbrica la sua propria arma, secondo la sua abilità e la sua convinzione. I molti oggetti, non compiuti e gettati via, che furono scoperti negli scavi, attestano ancor oggi la fatica durata da quella primordiale «azione pensante».

Se, tuttavia, quegli oggetti sono così simili che fondandosi su essi (con diritto assai dubbio) si distinguono «civiltà» come quelle degli Acheulei e dei Solutrei, e, certamente a torto, si instituiscono confronti fra epoche in tutte le cinque parti del mondo, ciò deriva dal fatto che quella liberazione dalla costrizione della specie opera, dapprima, solo come grande *possibilità* e, in origine, è lungi dall'essere individualismo realizzato. Nessuno vuole apparire originale: ma nessuno pensa ad imitare l'altro. Ognuno pensa e lavora per sé, ma la vita della specie e così possente che, tuttavia, il risultato è dappertutto simile, come, in fondo, avviene ancor oggi.

Così, al «pensiero dell'occhio», all'acuto occhio intenditore del grande animale feroce, si è aggiunto il «pensiero della mano». Da quello si sviluppa in seguito il pensiero teorico, osservatore, contemplativo, la meditazione, la saggezza; da questo il pensiero pratico, operante, la furberia, la vera «intelligenza». L'occhio indaga la causa e l'effetto, la mano lavora conformemente ai principii di mezzo e di fine. Il giudicare se una cosa sia o no utile, conforme allo scopo, il giudizio che chi *opera* fa del valore, non ha nulla a che fare col vero e col falso, coi valori del *contemplativo*, con la verità. Lo scopo è un *fatto*, il nesso tra causa ed effetto è una *verità*. Così sorsero i molto diversi modi di pensare dell'uomo della verità - il prete, il dotto, il filosofo - e dell'uomo dei fatti, il politico, il capitano, l'affarista.

Da allora ed ancor oggi la mano ordinante, indicante, stretta a formare un pugno, è l'espressione d'una volontà. Di qui le deduzioni che si traggono dalla calligrafia e dalla forma della mano. Di qui i modi di dire della mano pesante del conquistatore, della mano felice d'un uomo d'affari, di qui gli indizi spirituali della mano del delinquente e di quella dell'artista.

Con la mano, con l'arma e col pensiero personale, l'uomo è diventato *creatore*. Tutto ciò che gli animali fanno, resta nella cornice dell'agire della specie e non ne arricchisce la vita. Ma l'uomo, l'animale creatore, ha diffuso sul mondo una ricchezza di pensiero e d'azione inventivi, che lo giustifica quando egli chiama «storia del mondo» la *sua* breve storia e considera il suo ambiente, ciò che lo attornia, come *l'umanità,* con tutto il resto della Natura come sfondo, oggetto e mezzo.

Noi chiamiamo *azione* ciò che fa la mano *pensante.* Con l'esistenza degli animali c'è l'attività, ma azioni ci sono solo con l'esistenza dell'uomo. Nulla è tanto caratteristico per questa distinzione quanto l'accensione del fuoco. Si *vede* - causa ed effetto - come nasce il fuoco. Anche molti animali vedono ciò. Ma l'uomo soltanto *pensa* - fine e mezzo - un procedimento per creare il fuoco. Nessun'altra azione può dare altrettanto l'impressione della creatività. È l'azione di Prometeo. Uno dei più sinistri, formidabili, misteriosi fenomeni della Natura - il fulmine, l'incendio della foresta, il vulcano -, viene chiamato in vita dall'uomo, *contro* tutta la Natura. Quale effetto deve aver prodotto sull'anima, il primo sguardo alla fiamma accesa dall'uomo!

6.

Sotto la formidabile impressione della libera, consapevole *azione individuale*, elevantesi sull'uniforme, istintivo agire in massa *della specie*, si foggiò la vera anima umana, solitaria anche in confronto con altre anime di animali feroci, col fiero e melanconico sguardo che *chi sa* lancia sul suo proprio destino, con l'irrefrenabile sentimento di potenza nel pugno avvezzo all'azione; nemica di tutti, *uccidente*, *odiante*, risoluta a vincere o a morire. Questa anima è più profonda e appassionata di quella di qualsiasi animale: si trova in inconciliabile contrasto con l'intero mondo dal quale è separata dalla sua capacità creativa. È l'anima di un *ribelle*.

L'uomo primitivo nidifica solitario come un uccello rapace. Anche se alcune «famiglie» si associano a formare un branco, ciò avviene in forma sciolta, libera: ma ancora non si può parlare di tribù, e tanto meno di popoli. Il branco è la casuale riunione d'un paio di uomini che, per una volta, non si combattono, con le loro donne e i loro figli, senza sentimento di comunanza, in perfetta libertà, non è un'associazione, come non è tale un armento di esemplari d'una specie.

L'anima di questi forti solitari è tutta guerriera, diffidente, gelosa della propria potenza e del bottino. Conosce l'affetto non solo dell'«io» ma anche del «mio». Conosce l'ebbrezza del sentimento quando il coltello taglia il corpo del nemico, quando l'odore del sangue e i gemiti penetrano nei sensi trionfanti. Ogni vero «uomo», ancora nelle città delle tarde civiltà sente talora in sé il dormiente ardore di questa anima primitiva. Nulla è in lei della pietosa constatazione che una cosa è «utile», che «risparmia lavoro»; ancor meno dell'imbelle sentimento della compassione, della riconciliazione, dell'anelare al riposo. Invece, l'orgoglioso sentimento di essere, per la sua forza e la sua felicità, largamente temuto, ammirato, odiato, e l'impulso di vendicarsi di tutto ciò, sia creatura vivente o cosa, che offende questo orgoglio anche con la sua semplice *esistenza*.

E quest'anima si estrania sempre più dall'*intiera* Natura. Le armi degli animai feroci sono *naturali*; solo il pugno armato dell'uomo, munito dell'arma fabbricata con arte, meditata, scelta, non è tale. *Qui comincia l'«arte» come concetto contrapposto a quello di Natura.* Ogni procedimento tecnico dell'uomo *è* un'arte e fu sempre chiamato così, l'arte del tirar d'arco e del cavalcare come l'arte della guerra, le arti dell'edificare, del governare, del fare sacrifici e del predire il futuro, del dipingere, del far versi, della sperimentazione scientifica. Artificiale, *antinaturale* è ogni opera umana, dall'accensione del fuoco alle prestazioni che noi, nelle alte civiltà, definiamo come propriamente artistiche. Alla Natura viene strappato il *privilegio del creare*. Già la «libera volontà» è un atto di ribellione: niente altro. L'uomo *creatore* è uscito dall'associazione della Natura, e con ogni nuova invenzione si allontana di più, e più ostilmente, da essa. È questa la sua «storia del mondo», la storia di una incontenibile, progressiva, fatale scissione fra il mondo umano e l'Universo, la storia d'un ribelle che alza la mano contro la madre dal cui grembo è uscito.

La *tragedia dell'uomo comincia*, perché la Natura è *più forte*. L'uomo *resta* soggetto alla Natura, che, nonostante tutto, abbraccia anche lui, sua creatura. Tutte le grandi civiltà sono altrettante sconfitte. Restano sul terreno, quali vittime, intiere razze, distrutte, spezzate, condannate alla sterilità e alla rovina spirituale. La lotta contro la Natura è disperata, e tuttavia sarà condotta sino alla fine.

Il secondo gradino: parlare e intraprendere

7.

Non sappiamo quanto sia durata l'epoca della mano armata, ossia da quando vi siano uomini. Il novero degli anni è privo d'importanza, sebbene ancor oggi sia computato in cifra troppo alta. Non si tratta di milioni d'anni, e nemmeno di molte migliaia di secoli: è certo, però, che deve essere trascorso un considerevole numero di millenni.

Ma ora interviene un secondo mutamento decisivo - altrettanto improvviso e formidabile - e trasforma dalle fondamenta il destino dell'uomo come lo trasformò il primo cambiamento. È una seconda autentica «mutazione» nel senso già illustrato. L'indagine del preistorico l'ha rivelato da gran tempo. Gli oggetti raccolti nei nostri Musei mostrano, ad un tratto, un'altra faccia. Si trovano vasi d'argilla, tracce di «agricoltura» e «allevamento del bestiame», come si disse con parola troppo moderna e spensierata, costruzione di capanne, tombe, indizi di commercio. Si annunzia un nuovo mondo del pensiero e del procedimento tecnico. Dal punto di vista del Museo, troppo superficiale e solo preoccupato di mettere in ordine le scoperte, si è distinta un'età della pietra più antica e più recente, l'era paleolitica e la neolitica. Ma questa suddivisione operata dal secolo scorso non soddisfa più, da molto tempo, e da decenni si tenta sostituirle qualche altra cosa. Espressioni come mesolitico, miolitico, mixoneolitico, mostrano però che ci si attiene ancora ad un semplice ordinamento degli *oggetti*, e perciò non si va avanti. Ma ciò che si trasforma, non sono gli attrezzi, - è *l'uomo*. Ancora una volta: solo partendo dall'*anima* si può comprendere la storia dell'uomo.

Si può fissare con qualche esattezza l'epoca di questa mutazione, verso il quinto millennio avanti Cristo.[3] Tutt'al più due millenni più tardi cominciano già le alte civiltà in Egitto e in Mesopotamia.

Come si vede, il ritmo della storia si accelera rapidamente. Prima, i millenni contavano appena, ora ogni secolo ha importanza. La pietra rotolante si appressa, con furiosi balzi, all'abisso.

Che è avvenuto? Se ci si addentra più a fondo in questo nuovo mondo di forme e attività umana, si vedono ben presto nessi molto confusi e complicati. Tutte queste tecniche si presuppongono reciprocamente. Il mantenimento di animali domestici esige la coltivazione di foraggi; la seminagione e il raccolto di piante alimentari richiedono la presenza di animali da tiro e da soma, che alla sua volta rende necessario l'impianto di recinti; ogni genere di edifici esige la fabbricazione e il trasporto di materiali da costruzione, il traffico stradale, l'animale da soma e la nave.

Che vi è, in tutto ciò, di *spiritualmente* trasformatore? Rispondo: la sistematica *azione collettiva*. Fino ad allora, ogni uomo vive la sua propria vita, si fabbrica da sé la sua arma, svolge da solo la sua tattica nella lotta quotidiana. Nessuno ha bisogno

---

[3] Sulla base delle ricerche di De Geer sugli strati argillosi svedesi: *Lessico della preistoria*, vol. II.

degli altri. Ad un tratto, ciò cambia. I nuovi procedimenti richiedono un tempo lungo, in certi casi anche anni - si pensi alla lunghezza dell'intervallo fra l'abbattimento degli alberi e la partenza della nave costruita con essi -, e richiede pure larghi spazi. I nuovi procedimenti si scompongono in serie di singoli atti esattamente ordinati e in gruppi di azioni svolte le une accanto alle altre. Ma questi procedimenti collettivi presuppongono, come mezzo indispensabile, il *linguaggio*, la pronunzia di parole.

L'esprimersi in parole e in frasi non può essere sorto prima né dopo, deve essere sorto allora; rapido come tutte le cose decisive, e in stretta connessione col nuovo modo di procedere dell'uomo. Questo si può dimostrare.

Che è «parlare»? Senza dubbio, è un procedimento avente scopo di comunicazione, un attività continuamente esercitata da numerosi uomini fra loro. «Lingua» è solo un'astrazione di ciò, l'intima, grammaticale forma del parlare, incluse le forme verbali. Questa forma deve essere diffusa e avere una certa durata, se debbono realmente prodursi comunicazioni. Ho mostrato nel *Tramonto dell'Occidente* che il parlare in periodi è preceduto da più semplici forme di espressione - segni per l'occhio, segnali, gesti, grida d'ammonimento e di minaccia -, le quali tutte sussistono per appoggiare la favella in periodi, sussistono ancor oggi in qualità d'inflessione e accentuazione della parola, di giuoco della fisionomia, di gesti della mano, e, nella scrittura odierna, di interpunzione.

Tuttavia, il parlare «scorrevole» è, per il suo contenuto, cosa affatto nuova. Dopo Hamann e Herder, fu spesso posta la domanda della sua origine. Se tutte le risposte date fino ad oggi ci lasciano insoddisfatti, ciò dipende dal fatto che il problema fu posto male. Perché non si può cercare nella stessa attività del parlare l'origine del parlare in parole. Cosi pensarono i romantici, estranei, come sempre, alla realtà; i romantici che fecero derivare il linguaggio dalla «primordiale poesia dell'umanità»; anzi, per essi la lingua era la poesia originaria dell'uomo, era ad un tempo mito, lirica, preghiera: la prosa era solo una posteriore degradazione, fatta per il comune uso quotidiano. Ma allora la forma intima del linguaggio, la grammatica, la costruzione logica del periodo, dovettero avere tutt'altro aspetto. Precisamente lingue primitive, naturali come quelle delle razze Bantu e Turche mostrano la chiara tendenza a fare distinzioni nette, acute, inequivocabili.[4]

Ma questo ci conduce all'errore fondamentale dei nemici di ogni romanticismo. i razionalisti. Essi corrono sempre dietro all'opinione che il periodo esprima un *giudizio* o un *pensiero*. Si assidono al loro scrittoio colmo di libri e almanaccano su ciò che essi medesimi pensano e scrivono. E così il «pensiero» appare loro lo *scopo* del parlare. Perché sogliono sedere soli, dimenticano che al parlare corrisponde *l'udire*, alla domanda la *risposta*, all'io il *tu*. Dicono: «lingua» e vogliono dire il discorso,

---

[4] Fino a questo punto, che in certe lingue il «periodo» è un unico mostro di parole, in cui tutto ciò che deve essere detto è enunciato mediante prefissi e suffissi classificatori, in un ordine conforme a certe leggi.

l'esposizione orale, la dissertazione. La loro opinione sul sorgere del linguaggio è *monologica* e perciò erronea.

Per impostar bene la domanda non si deve chiedere: *come,* ma *quando* sorge il parlare in parole. Allora, tutto diventa presto chiaro. Lo *scopo,* per lo più frainteso o trascurato, del parlare in frasi, risulta dall'epoca, a partire dalla quale si parlò così, ossia correntemente. E lo scopo si rivela chiaro nella *forma* della costruzione del periodo. Il parlare si compie non più in forma monologica, ma *dialogica,* i periodi non si succedono come in un discorso, ma come conversazione *fra* molti uomini. Lo scopo non e quello capire dopo aver riflettuto, ma una comprensione *reciproca* per mezzo di domanda e risposta. Che cosa sono dunque le forme originarie del parlare? Non il giudizio, non l'enunciazione, ma il comando, la espressione dell'obbedienza, la constatazione, la domanda, l'affermazione, la negazione. Sono frasi che si rivolgono *sempre* ad un altro, e certo, in origine, frasi molto brevi: «fa questo! sei pronto? sì! Comincia!» Le parole come segni di concetti[5] derivano dallo scopo della frase, cosicché fin dall'origine il vocabolario, il patrimonio di parole d'una razza di cacciatori è tutto diverso da quello d'un villaggio di allevatori di bestiame o d'una popolazione di marinai. In origine, il linguaggio era un'attività difficile,[6] e, certo, si diceva solo il

---

[5] Il concetto è la coordinazione di cose, situazioni, attività in classi di generalità pratica. Il proprietario di cavalli non dice «cavallo» ma «morello» o «sauro», il cacciatore non dice «porco selvatico» ma «cinghiale».

[6] Certo, dapprima solo gli uomini maturi impararono a parlare cor-

necessario. Ancor oggi, il contadino è taciturno in confronto col cittadino, il quale, avvezzo al linguaggio, non sa tener chiusa la bocca e, per noia, chiacchiera e conversa non appena non ha nulla da fare, abbia o no qualcosa da dire.

Lo scopo primordiale del parlare è la *esecuzione d'un'azione* conformemente all'intenzione, al tempo, al luogo, ai mezzi. La chiara e univoca costruzione della parlata è la prima cosa, e dalla difficoltà di farsi capire, di imporre con chiarezza ad altri la propria volontà, deriva la tecnica della grammatica, la tecnica della formazione di frasi e di periodi, dell'esatto comandare, domandare, rispondere, della formazione di classi di parole sulla base delle intenzioni e degli scopi *pratici*, non *teorici*. La meditazione teorica non ha quasi parte nel sorgere del parlare in frasi. Ogni parlata è di natura pratica e parte dal «pensiero della mano».

8.

Chiamiamo «intraprendere» l'agire in molti. Il *parlare* e *l'intraprendere* si presuppongono a vicenda allo stesso modo che la *mano* e lo *strumento*. Il parlare in molti, sviluppando la sua forma intima, grammaticale, condusse all'esecuzione di imprese e l'abitudine dell'intraprendere fu ammaestrata dal metodo del pensiero legato al linguaggio. Perché parlare significa *comunicarsi ad altri pensando*. Se il parlare è un agire, è un *agire spirituale*

---

rentemente, come, assai più tardi, a scrivere.

con *mezzi sensibili*: esso, ben presto, non ha più bisogno di un diretto collegamento all'agire del corpo. Perché questa è la novità che, a partire dal quinto millennio avanti Cristo, fa epoca: il pensare, lo spirito, l'intelletto, che per *mezzo* del linguaggio si è emancipato dal suo collegamento con la mano operante, va ora incontro all'anima e alla vita come una *potenza per sé stante*. La riflessione puramente spirituale - il «calcolo» -, che qui emerge improvvisa, decisiva, tutto sconvolgendo, è questa: che l'agire in comune *come un'unità* ha l'effetto stesso di una azione compiuta da un gigante. O, come dice con ironia Mefistofele nel *Faust*: «Se io posso contare su sei stalloni, le loro forze non sono le mie? Su essi io corro, come se avessi ventiquattro gambe».

L'animale feroce «uomo» vuole, consapevolmente, accrescere la sua superiorità, assai oltre i limiti della sua forza fisica. Alla sua volontà di maggiore potenza sacrifica un tratto importante della *sua* vita. Il pensiero, il calcolo dell'esercitare una grande efficacia è la prima cosa. Per amore di questa, gli uomini si intendono nel rinunziare a parte della loro libertà personale: nel loro intimo restano indipendenti. Ma non si può fare, nella storia, nessun passo indietro. Il tempo, e quindi la vita, non si può invertire. Quando si è avvezzi ad agire in molti e alle conseguenze di questa azione, l'uomo si avviluppa sempre più a fondo in questi fatali legami. Il *pensiero intraprendente* afferra con forza sempre maggiore la vita dell'anima. L'uomo è diventato lo schiavo del suo pensiero.

Il passo dall'uso di strumenti personali alla intrapresa collettiva, rivela una enormemente crescente *artificiosità* del modo procedere. Il lavorare con *materie* artificiali, il fabbricare vasi, il filare e il tessere, non significa ancora molto, sebbene sia cosa assai più intellettuale, più *creatrice* di quanto si faceva prima. Ma fra i numerosi procedimenti di cui non possiamo più sapere nulla, alcuni emergono, denotanti una vigorosa forza di pensiero, che lasciarono tracce. Anzitutto quelli che maturarono dal *pensiero del costruire*. Conosciamo cave di selci, assai anteriori alla conoscenza dei metalli, nel Belgio, in Inghilterra, in Austria, in Sicilia, in Portogallo, che certo risalgono a quel tempo, e sono fornite di pozzi e gallerie, bene aereate e puntellate, in cui si lavorò con strumenti fatti di corna di cervo. Nell'epoca del «neolitico anteriore» vi sono stretti rapporti fra il Portogallo e la Spagna nord-occidentale e la Brettagna attraverso la Francia meridionale, e fra la Brettagna e l'Irlanda; rapporti che presuppongono una regolare navigazione e quindi la costruzione di navi da trasporto d'ignota forma. Si trovano in Spagna costruzioni megalitiche in pietre squadrate di formidabile grossezza, aventi per tetto lastre del peso d'oltre centomila chilogrammi che spesso furono tratte di lontano e messe a posto con una tecnica a noi sconosciuta. Vi fate un'idea della ponderazione, delle discussioni, della vigilanza, degli ordini, della preparazione di mesi e anni che furono necessarie alla produzione e al trasporto del materiale, alla ripartizione dei còmpiti nello spazio e nel tempo, all'abbozzo dei piani, alla assunzione e alla direzione dell'esecuzione? Quale lunga meditazione preventiva esige l'intrapresa della navigazione in alto mare, a petto della fabbricazione di un coltello di selce! Già l'«arco composto», che si riscontra in figure scolpite sulla rupe a quel tempo in Spagna, per la sua costruzione in alterni strati di corda, di corno e di determinati legni, esige un procedimento complicato, che richiede da cinque a sette anni. E la «invenzione del carro», come si suol dire con molta ingenuità, presuppone una somma di riflessioni, di coordinamenti, di opere, che va dallo scopo, dalla via e dal modo del «viaggiare», dalla scelta e costruzione della *strada* (alla quale per lo più nessuno pensa), dalla provvista o dall'addomesticamento di animali da tiro, fino al giudizio sulla grandezza e sul genere del carico, alla scelta e al ricovero di questo!

Un mondo di creazioni tutto diverso deriva dal «pensiero dell'allevare», dall'*allevamento* di bestiame e dalla educazione di piante, per mezzo del quale l'uomo si sostituisce alla Natura creatrice, la imita, la varia, la migliora e la rafforza. L'uomo, da quando, allora, *coltivò* piante invece di limitarsi a raccoglierle, le trasformò, certamente per i suoi propri fini. In ogni caso, gli scavi hanno messo in luce generi di piante che non si trovano allo stato selvatico. E i più antichi residui di ossa di animali che provano l'allevamento del bestiame in qualche forma, mostrano già le conseguenze dell'«addomesticamento», conseguenze certo in parte *volute* e ottenute con l'allevamento. Il concetto di preda dell'animale feroce si allarga: non è soltanto preda e proprietà l'animale ucciso, ma anche l'armento selvaggio pascolante in liberta,[7] sia che l'uomo lo rinchiuda o no entro una cinta.[8] Que-

---

[7] Come, oggi, la selvaggina delle nostre foreste.

[8] Ancora nel secolo XIX tribù indiane seguivano i grandi armenti di bufali, e ancor oggi i Gauchos dell'Argentina seguono gli armenti di buoi che sono proprietà privata. Così sorse, in parte, dalla vita stabile la vita nomade.

sto armento appartiene a qualcuno, ad una tribù o ad un gruppo di cacciatori, i quali difendono il suo diritto di sfruttarlo. Il fatto di tenere prigionieri gli animali a scopo di allevamento, che presuppone la coltivazione dei foraggi, è solo una delle varie forme di possesso.

Ho mostrato che il sorgere della mano armata ebbe per conseguenza la separazione logica di due processi: la fabbricazione e l'uso dell'arma. Così pure, dall'intrapresa guidata dal linguaggio consegue la separazione delle attività del *pensiero e* della *mano*. In ogni intrapresa si possono distinguere la *meditazione* e *l'esecuzione*, e da allora la prestazione del pensiero pratico è la prima e la più importante. C'è *lavoro direttivo e lavoro esecutivo*: questa è diventata per tutti i tempi futuri la forma tecnica fondamentale dell'intera vita umana. Si tratti d'una caccia alla selvaggina grossa o della costruzione d'un tempio, d'un'impresa guerriera o agricola, della fondazione d'un'azienda o d'uno Stato, di una insurrezione o magari di un delitto, sempre deve esistere in primo luogo un cervello intraprendente e inventivo, che ha l'idea, dirige l'esecuzione, comanda, ripartisce i compiti, insomma, un cervello nato per comandare ad altri che non sono nati al comando.

Ma nell'epoca dell'impresa diretta col linguaggio non vi sono solo due generi di tecnica di secolo in secolo si separano sempre più fortemente: vi sono pure *due generi di uomini*, che si differenziano per il possesso delle doti necessarie all'una o all'altra di quelle due tecniche. In ogni processo c'è una tecnica del dirigere e una tecnica dell'eseguire, e così pure, s'intende, vi sono, per natura, *uomini che comandano e uomini che obbediscono, soggetti e oggetti del processo politico ed economico.* Tale è l'aspetto essenziale della vita umana, diventata multiforme, a partire da questa mutazione, aspetto *eliminabile solo con la vita stessa.*

Ammettiamo pure che questa forma della vita umana sia contraria alla natura e artificiosa: *ma è «civiltà».* Può essere mesta, e in certe epoche fu realmente tale, perché si immaginò di poterla eliminare *artificialmente;* tuttavia è un fatto indistruttibile. Governare, decidere, dirigere, comandare, è *un'arte,* una difficile tecnica, che, come ogni altra, presuppone doti innate. Solo i bambini credono che il re vada a letto con la corona, e gli uomini inferiori delle grandi città, i marxisti, i letterati, credono alcunché di simile dei capitani dell'economia. Intraprendere è un *lavoro,* che rende possibile il lavoro manuale. Così pure, lo scoprire, l'inventare, il calcolare, l'introdurre nuovi processi è un'attività *creatrice* di teste ben dotate, che ha per conseguenza necessaria l'attività dei non-creatori nell'eseguire. Qui si può fare la distinzione, alquanto fuori di moda, fra genio e talento. Il genio, letteralmente,[9] è la forza creatrice, la sacra scintilla nella vita d'un individuo, che enigmaticamente appare nel corso delle generazioni e si spegne e illumina un'intiera epoca. Il talento consiste nell'essere dotati per singoli còmpiti *presenti;* e queste doti, in grazia della tradizione, dello studio, dell'esercizio, dell'allenamento, si sviluppano sì da raggiungere una grande efficacia. Il talento presuppone il genio che lo impieghi: ma il genio non presuppone il talento.

---

[9] Deriva dal latino *genius,* la forza procreatrice dell'uomo.

Infine, c'è una naturale distinzione di ranghi fra uomini nati a comandare e uomini nati a servire, fra chi dirige *la vita* e chi è diretto da questa. Questa distinzione sussiste indubbiamente, e in tempi sani e fra popoli sani viene involontariamente riconosciuta da tutti come un *fatto*, anche se, in secoli di decadenza, molti cerchino di negarla o di non vederla. Ma precisamente la chiacchiera della «naturale eguaglianza di tutti» prova che qui resta ancora qualche cosa da dimostrare.

9.

L'impresa diretta col linguaggio è connessa ad una grave perdita di libertà, dell'antica libertà dell'animale feroce, *tanto per i dirigenti quanto per i diretti. Gli uni e gli altri* diventano, con lo spirito, con l'anima, col corpo e con la vita membri di una grande unità. *Ciò chiamiamo organizzazione.* È la fissazione della vita attiva in forme solide, è la forma che assume l'impresa di qualsiasi genere. Con agire in molti si fa il passo decisivo *dall'esistenza organica alla organizzata,* dalla vita in gruppi *naturali* alla vita in gruppi *artificiali,* dal branco al popolo, alla razza, alla città e allo Stato.

I combattimenti fra singoli animali feroci sono diventati la *guerra,* che è un'impresa di tribù contro tribù, con capitani e gregari, con marce, assalti e battaglie organizzate. La distruzione dei vinti si trasforma nella *legge,* che viene imposta ai soccombenti. Il diritto umano è sempre un *diritto del più forte,* che il più debole deve accettare; questo diritto fra tribù diverse, pensato come durevole, è la «pace». Una pace di questo genere si riscontra pure *all'interno* di una tribù, e ha lo scopo di tenere disponibili tutte le forze della tribù per imprese esterne: *lo Stato è l'ordinamento interno d'un popolo per uno scopo esterno*. Lo Stato è, come forma, come *possibilità*, ciò che la storia d'un popolo è come *realtà*. Ma la storia è storia di *guerre*, allora come oggi. La politica non è altro che il transitorio surrogato della guerra mediante la lotta con armi spirituali. E, in origine, la parte maschile d'un popolo è equivalente al suo *esercito*. il carattere del libero animale feroce è, in tratti essenziali, trapassato al popolo organizzato, che è *un animale con una sola e con molte mani*.[10] Le tecniche del governo, della guerra e della diplomazia hanno la stessa radice, ed ebbero in tutti i tempi una intima connessione fra loro.

Vi sono popoli la cui forte razza ha conservato il carattere dell'animale feroce, popoli predoni, conquistatori, *dominatori*, amanti della lotta contro *uomini*, popoli che abbandonano ad altri la lotta economica *contro la Natura*, per saccheggiarli e assoggettarli. Nello stesso tempo sorgono la navigazione e la pirateria, la vita nomade e gli assalti sulle strade percorse dal traffico, il contadino e l'asservimento di questo per opera d'una nobiltà guerriera.

Perché, con l'organizzazione delle imprese, il lato *politico* della vita si separa *dall'economico*, l'orientamento verso la *potenza* dall'orientamento verso la *preda*. Non solo all'interno dei popoli

---

[10] E con una sola testa, non con molte.

si forma una ripartizione fondata sulle attività - guerrieri e artigiani, capitani e contadini -, ma si forma anche l'organizzazione di intiere tribù per una *sola* professione economica. Devono esservi state allora tribù, razze di cacciatori, di contadini, di allevatori di bestiame, villaggi di minatori, di vasai e di pescatori, organizzazioni politiche di naviganti e di commercianti. Inoltre vi sono popoli conquistatori *senza* lavoro economico. Quanto più è dura la lotta per la potenza e il bottino, tanto più stretti e severi sono i vincoli con cui diritto e la violenza serrano il singolo.

Nelle popolazioni di questo genere primitivo, la vita del singolo significa poco o nulla. Basta pensare che (e ce ne dànno una visione le leggende irlandesi) in ogni grande costruzione una cospicua parte degli operai perisce, che intiere tribù in tempi di siccità muoiono di fame; l'importante è solo questo: che ne restino abbastanza per rappresentare *l'anima* della collettività. Il numero si ricostituisce rapidamente. Si risente come annientamento non la perdita di singole o di molte vite, ma *il dissolversi dell'organizzazione*, del «noi».

In questa crescente reciproca dipendenza consiste la tacita e profonda vendetta e a Natura sull'essere che le rapì il privilegio del creare. Questo piccolo creatore *contro* la Natura, questo rivoluzionario nel mondo d ella vita, è diventato lo *schiavo* della sua creazione. La civiltà, il compendio di forme di vita artificiali, personali, createsi da sé, sviluppandosi diventa una gabbia con fitte sbarre per questa indomabile anima. L'animale feroce che di altre creature fece animali domestici onde sfruttarle per proprio conto, ha reso prigioniero se stesso. Il gran simbolo di questo, è la *casa* dell'uomo.

È il suo numero ognor crescente, in cui il singolo perde importanza e si smarrisce. Perché il moltiplicarsi della popolazione è una delle più importanti conseguenze dello spirito umano d'intrapresa. Là dove una volta vagava un branco di poche centinaia di teste, ha *sede* ora un popolo di decine di migliaia. Quasi non vi sono più spazi vuoti di uomini. Un popolo confina con un popolo, e il semplice *fatto* dei confini - confini della propria *potenza* -, eccita gli antichi istinti dell'odio, dell'assalto e della distruzione. Il limite d'ogni genere, anche il limite spirituale, è il nemico mortale della volontà di potenza.

Non è vero che la tecnica umana risparmi lavoro. È proprio dell'essenza della tecnica umana notevole e personale, in contrasto con la tecnica di specie degli animali, il fatto che ogni invenzione contenga in sé la possibilità e la *necessità* di nuove invenzioni, che ogni desiderio realizzato ne desti mille altri, che ogni trionfo sulla Natura stimoli a trionfi maggiori. L'anima di questo animale feroce è insaziabile, la sua volontà non può mai essere soddisfatta; tale è la maledizione che incombe su questo genere di vita, ma anche la grandezza del suo destino. Riposo, felicità, godimento, sono ignoti precisamente ai grandi esemplari umani. E nessun inventore ha *mai* preveduto con esattezza gli effetti reali della sua invenzione. Quanto più arduo è il lavoro di direzione, tanto maggiore diventa il bisogno di mani che eseguiscano. Perciò si comincia a non uccidere più i prigionieri di guerra tolti alle tribù nemiche, e a sfruttare le loro forze fisiche. Tale è l'inizio della *schiavitù*, che deve essere esattamente così antica come la schiavitù degli animali domestici.

Questi popoli e tribù si moltiplicano in certo modo *verso il basso*. Non cresce il numero delle «teste», ma quello delle mani. Il gruppo dei temperamenti direttivi *rimane* piccolo. Il piccolo branco delle vere e proprie bestie feroci, il branco dei dotati di alte qualità, dispone in qualche maniera del crescente *armento* degli altri.

Ma anche questo dominio dei pochi è molto lontano dall'antica libertà. Ciò è espresso nelle parole di Federico il Grande: «Io sono il primo *servitore* del mio Stato». Di qui il profondo, disperato sforzo degli uomini d'eccezione per rimanere *liberi* almeno internamente. Qui e solo qui comincia *l'individualismo, quale contrasto alla «psicologia»* della massa. È l'ultima rivolta dell'anima della bestia feroce contro la prigionia in cui la tiene la civiltà, l'ultimo tentativo di sottrarsi al *livellamento* psichico e intellettuale che opera mediante il fatto del gran numero, ed è rappresentato da questo. Quindi i tipi di vita del conquistatore, dell'avventuriero, dell'eremita, e perfino un certo tipo di delinquenti e «*bohèmiens*». Si vuole sfuggire all'azione del numero che tutto assorbe, elevandosi al disopra del numero, fuggendo da esso, disprezzandolo. L'idea della personalità, oscuramente cominciante, è una protesta contro l'uomo della massa. La tensione tra i due cresce e conduce ad una tragica fine.

L'odio, il vero sentimento di razza degli animali feroci, presuppone che si *stimi* l'avversario. C'è nell'odio un certo riconoscimento dell'eguaglianza del livello spirituale. Le creature che stanno più in basso, sono *disprezzate*. Le creature che stanno esse medesime in basso, sono *invidiose*. Tutte le primitive leggende, miti di Dei e saghe di eroi, sono pieni di questi motivi. L'aquila odia solo le sue pari. Non invidia nessuno, disprezza molti, tutti. Il disprezzo guarda dall'alto in basso, l'invidia guarda dal basso in alto: sono questi, nella *storia del mondo*, i sentimenti dell'umanità organizzata in classi e in Stati, i cui esemplari pacifici scuotono impotenti le sbarre della gabbia che li rinserra *tutti insieme*. *Nulla* può liberare da questo fatto e dalle sue conseguenze. Così fu, così sarà - o non esisterà più nulla. Si può apprezzare o disprezzare questo fatto: ma non e possibile *mutarlo*. Il destino dell'uomo è in corso e deve compiersi.

L'esito:
ascesa e fine della civiltà delle macchine

10.

La «civiltà» della mano armata ebbe un lungo respiro e pervase l'intiera specie «uomo». Le «civiltà del linguaggio e dell'intrapresa» (sono già *molte* che si possono distinguere con chiarezza), queste civiltà del cominciante contrasto spirituale fra personalità e massa, dello spirito che diventa avido di dominio e della vita da esso violentata, - abbracciano invece una sola parte del mondo umano, ed oggi, dopo pochi millenni, sono già da molto tempo spente e disperse. Quelli che chiamiamo «popoli allo stato di Natura, popoli primitivi», sono solo i resti del materiale vivente, avanzi di forme un giorno animate, scorie dalle quali è scomparso l'ardore del divenire e del perire.

Su questo terreno fioriscono qua e là, a partire dal 3000 avanti Cristo, le *alte civiltà,* civiltà nel senso più ristretto e in quello più vasto; ognuna di esse riempie ancora solo un piccolissimo tratto della superficie terrestre e dura appena un millennio. Tale è il ritmo delle supreme catastrofi. Ogni decennio significa qualche cosa, quasi ogni singolo anno ha «un volto». È storia mondiale nel senso proprio e più vasto. Questo gruppo di vite appassionate ha inventato, come suo simbolo e suo «mondo», la *città,* di fronte al villaggio del gradino precedente, la citta di pietra quale guscio della vita diventata tutta artificiale, separata dalla materna terra, *completamente* antinaturale: la città del pensiero che non ha radici, che attrae a se dai campi le correnti della vita e le consuma.

Là sorge la «*società*» con la sua gerarchia di ceti e di classi - nobili, preti, borghesi -, di fronte al «rozzo contadiname», sorge quale classificazione artificiale della vita (la classificazione *naturale* è quella in forti e deboli, saggi e sciocchi), e quale sede d'uno sviluppo culturale totalmente spiritualizzato. Là regnano «lusso» e «ricchezza». Questi sono concetti che vengono fraintesi con invidia da coloro ai quali non si applicano. Ma il lusso non è altro che la civiltà nella sua più alta forma. Si pensi all'Atene di Pericle, alla Bagdad di Harun al Raschid, e al rococò. Questa civiltà delle città è tutta quanta *lusso*, in tutti i ceti e le professioni, sempre più ricco e sviluppato col succedersi dei tempi; interamente artificiale, sia che si tratti delle arti, della diplomazia, del tenor di vita, dell'ornamento, dello scrivere e del pensare, o della vita economica. Senza una ricchezza economica, adunata in poche mani, non è possibile una «ricchezza» di arti plastiche, di spirito, di gentili costumi - per tacere del lusso di concezioni filosofiche, di pensiero non più pratico ma teorico. La povertà economica trae tosto con sé la povertà artistica e spirituale.

In questo senso, anche i processi tecnici che maturano nel gruppo di queste civiltà, sono lusso spirituale, sono frutti tardivi, dolci, fragili d'una raffinatezza e d'una spiritualizzazione crescenti. Cominciano con la costruzione delle piramidi tombali in Egitto e con le torri dei templi Summeri a Babilonia, che nel terzo millennio avanti Cristo sorgono nel sud e significano semplicemente la vittoria su pesanti *masse*; si svolgono attraverso le imprese e le opere della civiltà cinese, indiana, greco romana, araba e messicana e giungono fino a quelle della civiltà del secondo millennio dopo Cristo, costituenti la vittoria su ardui *problemi* del puro pensiero tecnico.

Perché queste civiltà fioriscono *indipendenti* le une dalle altre, e in una direzione che va dal sud al nord. La civiltà dell'Europa occidentale *forse* non e l'ultima ma *certamente* è la più violenta, la più passionale, la più tragica di tutte in grazia del suo intimo contrasto fra la spiritualizzazione dilagante e il profondo strazio psichico. Può darsi che venga ancora un pallido ritardatario, nel prossimo millennio, in qualche punto della pianura che si stende dalla Vistola all'Arnour; ma *qui* è praticamente condotta al termine la lotta fra la Natura e l'uomo che, attraverso la sua esistenza storica, è insorto contro quella.

Il paesaggio nordico ha foggiato in dure razze l'umanità in esso vivente, mediante la difficoltà delle condizioni di vita, il freddo, la costante asprezza dell'esistenza; ha dato a queste razze uno spirito acuto, il freddo ardore d'una indomata passione nel lottare, nell'osare, nel penetrare innanzi, tutto ciò che ho chiamato il «*pathos della terza dimensione*» (Nel *Tramonto dell'Occidente*, capitoli III e V). Sono, ancora una volta, autentici animali feroci, la cui forte anima combatte per ottenere l'impossibile, per rompere la prevalenza del pensiero sul sangue, della vita sociale organizzata sul sangue, per trasformare questa prevalenza in una *servitù*, per elevare al grado di *senso* del mondo il destino delle libere personalità. Una volontà di potenza, che si ride di tutti i limiti di tempo e di spazio, che ha per meta lo sconfinato, l'infinito, si assoggetta interi continenti, e da ultimo abbraccia tutto il globo con le forme del suo traffico delle sue comunicazioni e lo *trasforma* mediante la violenza della sua energia pratica e i prodigi dei suoi processi tecnici.

All'inizio di ogni alta civiltà si formano i due ceti più antichi, nobiltà e sacerdozio, quali cominciamento della «società» che ha superata la vita agreste della pianura. Essi incorporano idee, e idee che si escludono a vicenda. Il nobile, guerriero, avventuriero, vive nel mondo dei fatti; il prete, il dotto, il filosofo vive nel suo mondo delle *verità*. L'uno sopporta o è un *destino*, l'altro pensa in *causalità*. Quello vuol mettere lo spirito al servizio di una forte vita, questo vuol mettere la sua vita al servizio dello spirito. In nessun luogo il contrasto ha assunto forme così irreconciliabili come nella civiltà chiamata «faustiana», in cui il fiero sangue degli animali feroci insorge per l'ultima volta contro tirannia del pensiero puro. La decisione fu sempre di nuovo cercata, a partire dalla lotta fra le idee di impero e di papato nei secoli XII e XIII fino alla lotta fra le potenze d'una illustre tradizione di razza - monarchia, nobiltà, esercito -, e fino alle teorie d'un razionalismo, d'un liberalismo e d'un socialismo plebei: dalla rivoluzione francese alla rivoluzione tedesca.

II.

Questa distinzione sussiste, nella sua piena grandezza, fra i *Vikingi del sangue* e i *Vikingi dello spirito* nell'ascensione della civiltà faustiana. Quelli, spinti da insaziabile ardore di conquista, partendo dall'estremo nord, da sterminate lontananze, raggiungono nel 796 la Spagna, nell'859 l'interno della Russia, nell'861 l'Irlanda e nello stesso anno il Marocco, di là penetrano nella Provenza e nelle vicinanze di Roma, nell'865 passando Per Kiew arrivano al Mar Nero e a Bisanzio, nell'880 toccano il Mar Caspio, nel 909 la Persia. Verso il 950 si stabiliscono nella Normandia e nell'Islanda, verso il 980 nella Groenlandia, verso il 1000 scoprono l'America del nord. Nel 1029, partiti dalla Normandia, arrivano nell'Italia meridionale e nella Sicilia, nel 1039, partiti da Bisanzio, si spargono per la Grecia e per l'Asia minore; nel 1066, movendo dalla Normandia, conquistano l'Inghilterra.

Con la stessa audacia, con la stessa fame di potenza e bottino *spirituale,* monaci nordici dei secoli XIII e XIV irrompono nel mondo dei problemi tecnici e fisici. In essi non è nulla della oziosa curiosità, estranea all'azione e ai fatti, dei dotti cinesi, indiani, assiri e arabi. Qui non c'è nessuna speculazione avente lo scopo di ottenere una semplice «teoria», un'immagine di ciò che non si può sapere. A dir vero, *ogni* teoria della scienza naturale e un *mito dell'intelletto* sulle potenze della Natura, e dipende interamente dalla rispettiva religione. Ma qui, e solo qui, la teoria è fin dall'inizio, *ipotesi di lavoro.* Una ipotesi di lavoro non ha bisogno di essere «esatta», le basta essere praticamente utilizzabile. Non si propone di svelare i misteri dell'Universo che ne circonda, ma li vuol rendere utilizzabili a determinati scopi. Perciò l'esigenza dei metodi *matematici,* affacciata dagli inglesi Grosseteste (nato nel 1175) e Ruggero Bacone (nato verso il 1210), e dai tedeschi Alberto Magno (nato nel 1193) e Witelo (nato nel 1220). E di qui *l'esperimento,* la *«scientia experimentalis»* di Bacone, l'interrogazione della Natura mediante la tortura, le leve e le viti.

«*Experimentum enim solum certificat*», scrive Alberto Magno. È questa l'astuzia di guerra di animali feroci intellettuali. Credettero di voler «riconoscere Dio», e vollero semplicemente isolare, rendere afferrabili e utilizzabili le *forze della Natura inorganica*, l'invisibile energia che è in tutto ciò che avviene. La scienza naturale «faustiana», ed essa sola, è *dinamica*, di fronte alla statica dei Greci e all'alchimia degli Arabi. Non importa più la materia, ma l'energia. La massa stessa è una funzione dell'energia. Grosseteste sviluppa una teoria dello spazio inteso come funzione della luce, Petrus Peregrinus una teoria del magnetismo. In un manoscritto del 1322 è già accennata la teoria copernichiana del moto della Terra attorno al Sole; cinquant'anni più tardi, Nicolò d'Oresme in *De coelo et mundo* dà a questa teoria una base più chiara e più profonda di quella dello stesso Copernico, e nel *De differentia qualitatum* precede e anticipa le leggi di Galileo sulla caduta dei gravi e la geometria delle coordinate, di Cartesio. In Dio non si ravvisa più il padrone che sedendo in trono governa il mondo, ma una forza infinita, quasi non più considerata personale, che è presente dappertutto nell'Universo. Fu uno strano ufficio divino, questa indagine sperimentale delle forze misteriose per opera di pii monaci. E, come disse un antico mistico tedesco: «Mentre tu servi Dio, Dio serve te».

Si era sazi di contentarsi del servizio di piante, animali e schiavi, di rapire alla Natura i suoi tesori - i metalli, le pietre, i legni, le fibre, l'acqua guidata in canali e in fontane -, di vincerne le resistenze mediante la navigazione, le strade, i ponti, i trafori e le dighe. La Natura non doveva più essere *saccheggiata* delle sue materie, ma *soggiogata nelle sue stesse forze* e rendere servigi di schiava, onde moltiplicare le forze dell'uomo. Questo Prodigioso pensiero, così estraneo a tutte le altre civiltà, è vecchio quanto la civiltà «faustiana». Già nel secolo X incontriamo costruzioni tecniche di genere completamente nuovo. Già Alberto Magno e Ruggero Bacone hanno meditato su macchine a vapore, su battelli a vapore e su velivoli. E molti almanaccarono, nelle celle dei loro chiostri, sull'idea del «*perpetuum mobile*».[11]

Questo pensiero non ci abbandonò più. La definitiva vittoria su Dio o sulla Natura (*deus sive natura*) sarebbe stata questa: un piccolo mondo, creato dall'uomo, che, come il grande, si movesse per forza *propria* e obbedisse solo al dito dell'uomo. Fabbricare noi stessi un Universo, essere noi stessi Dio - questo fu il faustiano sogno degli inventori, dal quale derivarono in seguito tutti gli abbozzi di macchine che si avvicinarono quanto fu possibile alla irraggiungibile mèta del «*perpetuum mobile*». Il concetto di preda dell'animale feroce viene svolto fino al suo termine. Non questa o quella cosa, come il fuoco che Prometeo rubò, ma il mondo stesso *col* segreto della sua forza viene fatto preda e trascinato dentro l'edificio di questa civiltà. Chi non era personalmente posseduto da questa volontà di onnipotenza sulla Natura, dovette ritenere diabolico tutto ciò, e la macchina fu costantemente considerata invenzione del diavolo, e come tale temuta. Con Ruggero Bacone comincia la lunga serie di coloro che perirono come maghi, incantatori ed eretici.

---

[11] *Epistola De Magrete* di Petrus Peregrinus del 1269.

Ma la storia della tecnica nell'Europa occidentale progredì ancora. Verso il 1500 comincia con Vasco de Gama e Colombo una nuova serie di marce di Vikingi. Nuovi imperi sono creati nell'India occidentale e orientale, o sono conquistati, e un fiume di uomini di sangue nordico[12] si riversa verso l'America, dove un giorno i navigatori islandesi erano approdati invano.

Contemporaneamente, i Vikingi proseguono su grande scala i viaggi nel paese dello spirito. Polvere da sparo e stampa sono inventati. Dopo Copernico e Galileo, si succedono innumerevoli processi tecnici che hanno tutti il significato di isolare, dal mondo circostante, la forza inorganica e di farle fornire lavoro in vece degli animali e dell'uomo.

La tecnica, col crescere delle città, è diventata *borghese*. Il successore di quei monaci gotici fu l'inventore di coltura universale, *il sapiente sacerdote della macchina*. Infine, col razionalismo, la «fede nella tecnica» diviene quasi una religione materialistica: la tecnica è eterna e imperitura come Dio Padre; essa redime la umanità come il Figlio; ci illumina come lo Spirito Santo. E il suo adoratore è il Filisteo progressista della nuova epoca, da Lamettrie fino a Lenin.

In realtà, la passione dell'inventore non ha nulla a che fare con le sue conseguenze, coi suoi risultati. Essa è il suo istinto

---

[12] Perché coloro che dalla Spagna, dal Portogallo e dalla Francia emigrano di là dall'Oceano sono certamente, in gran parte, discendenti dei conquistatori dell'epoca delle migrazioni dei popoli. Ciò che rimase indietro fu quella popolazione che era sopravvissuta di Celti, di Romani e di Saraceni.

personale, la sua felicità e la sua sofferenza personale. Vuole godere *per sé* il trionfo su difficili problemi, la ricchezza e la fama che il successo gli procura. Non importa che la sua invenzione sia utile o funesta, creatrice o distruttiva; e non importerebbe all'inventore quand'anche egli fosse sin dall'inizio in grado di saperlo. Ma nessuno prevede *l'effetto* di una «conquista tecnica dell'umanità» - senza tener conto del fatto che l'«umanità» non ha mai inventato nulla. Scoperte chimiche come l'indaco sintetico e quella che probabilmente si avvererà fra breve della gomma artificiale, distruggono le condizioni di vita d'intieri paesi; il trasporto elettrico dell'energia e l'impiego dell'energia idrica hanno svalutato i vecchi territori carboniferi dell'Europa con *la loro popolazione.* Riflessioni di questo genere hanno forse mai indotto un inventore ad annientare la sua opera? Chi lo crede, conosce male la natura di bestia feroce come è quella dell'uomo. Tutte le grandi invenzioni e imprese derivano dalla gioia che gli uomini forti risentono della *vittoria.* Esse sono espressione della *personalità* e non del pensiero utilitario delle masse, che si limitano ad assistere, ma debbono accettare le conseguenze, quali che siano.

E queste conseguenze sono prodigiose. La piccola schiera dei condottieri nati, degli imprenditori e inventori, costringe la Natura a fornire un lavoro che è misurato in milioni e miliardi di cavalli-vapore e di fronte al quale la quantità di forza del corpo umano non significa più nulla. Non si comprendono meglio di prima i segreti della Natura, ma si conosce l'ipotesi del lavoro, che non è «vera» ma soltanto utile, col cui aiuto si costringe la Natura ad *obbedire* al comando dell'uomo, alla più lieve pressione fatta sopra un tasto o una leva. Il ritmo delle invenzioni si accelera in modo fantastico, e tuttavia (conviene ripeterlo sempre) con ciò non si risparmia affatto lavoro umano. Il numero delle mani necessarie *cresce* col numero delle macchine, perché il lusso tecnico accresce ogni altro genere di lusso e perché la vita artificiale diventa sempre più artificiale.[13]

Dopo l' invenzione della macchina, della più scaltra di tutte le armi contro la Natura, imprenditori e inventori hanno essenzialmente impiegato nella *costruzione* della macchina il numero di mani di cui abbisognano. Il *lavoro* della macchina è fornito dalla forza inorganica, dalla forza di tensione del vapore o del gas, dell'elettricità o del calore, che vengono estratti dal carbone, dal petrolio e dall'acqua o generati per mezzo di questi.

Ma con ciò è cresciuta in modo pericoloso la tensione psichica fra guidatori e guidati. Non si comprendono più a vicenda. Le antiche «imprese» dei secoli precristiani esigevano *l'intelligente* collaborazione di tutti, che sapevano e sentivano di che si trattava. Esisteva qui una specie di cameratismo, come oggi nella caccia con battitori e nello sport. Ma non deve più essere stato così già nelle grandi costruzioni del primitivo Egitto e di Babilonia. Il singolo operaio non capiva né la mèta né lo scopo dell'intera opera; e l'una e l'altro gli erano indifferenti, forse odiosi. «Lavoro» era una maledizione, come prova l'apologo del Paradiso a principio della Bibbia. Ma attualmente, a partire dal

---

[13] Si confronti la vita di operai del 1700 con quella di operai del 1900, e il tenore d'esistenza dei lavoratori delle città con quello dei contadini.

secolo XVIII, innumerevoli «mani» lavorano a cose di cui ignorano la funzione effettiva nella vita, anche nella vita loro, e alla cui riuscita non prendono, dentro di sé, nessuna parte. Si diffonde una desolazione spirituale, una sconsolata uniformità senza alture né abissi, che desta amarezza contro la vita dei *ben dotati*, i quali nacquero *creatori*.

Non si vuol vedere e non si comprende più che il lavoro dei dirigenti è il lavoro più duro, che la propria vita *dipende* dalla uscita di quello. Si sente solo che questo lavoro rende *felici*, che arricchisce l'anima e le dà ali, e *perciò* lo si odia.

12.

Ma in realtà, né le teste né le mani possono mutar nulla al destino della tecnica meccanica, che s'è sviluppata da una intima necessità psichica ed ora va maturando verso il perfezionamento, verso la fine. Noi ci troviamo oggi al vertice, là dove comincia l'ultimo atto. È l'ora delle decisioni supreme. La tragedia è alla fine.

Ogni alta civiltà è una tragedia; la storia dell'uomo in *complesso* è tragica. Ma il delitto e la caduta dell'uomo faustiano sono più grandi di tutto ciò che videro mai Eschilo e Shakespeare. La creazione si erge contro il creatore: come un giorno l'uomo Microcosmo contro la Natura, così oggi il Microcosmo Macchina si leva e insorge contro l'uomo nordico. Il padrone del mondo diventa schiavo della macchina. La macchina costringe lui, noi, tutti senza eccezione, sia che lo vogliamo e lo sappiamo o no, nella direzione della sua strada. Il vincitore caduto è trascinato alla morte dai cavalli infuriati.

All'inizio del secolo XX, il «mondo» ha, sul nostro piccolo pianeta, il seguente aspetto: un gruppo di nazioni di sangue nordico sotto la direzione di Inglesi, Tedeschi, Francesi e Yankees domina la situazione. La loro potenza politica si fonda sulla loro *ricchezza*, e la loro ricchezza consiste nella forza della loro in*dustria*. Ma questa è connessa con l'esistenza di carbone. La situazione dei territorî carboniferi sfruttati assicura, soprattutto ai popoli germanici, quasi il monopolio e conduce ad un aumento della popolazione che non ha riscontro nell'intiera storia. Nelle regioni carbonifere e nei crocicchi delle strade di comunicazione e di commercio da esse irradianti, si concentra una massa umana innumerevole che è *disciplinata* dalla tecnica delle macchine, *per* questa lavora e *di* questa vive. I rimanenti popoli, o in forma di colonie o di Stati apparentemente indipendenti, vengono mantenuti nella funzione di produttori di materie prime o di compratori. Questa ripartizione è assicurata per mezzo di eserciti e di flotte, il cui mantenimento presuppone la *ricchezza di paesi industriali,* e che, in conseguenza del loro perfezionamento tecnico, sono diventati essi medesimi macchine e «lavorano» per la semplice pressione d'un dito. Di nuovo appare la profonda parentela, quasi l'identità fra politica, guerra ed economia. Il *grado* della potenza militare dipende dal *rango* tenuto nell'industria. I paesi poveri industrialmente sono poveri *in generale,* non possono pagarsi un esercito e una guerra, sono politicamente impotenti, e quindi i loro lavoratori (dirigenti o diretti) sono oggetti della politica economica dei loro avversari.

Di fronte alle masse di mani che eseguono, e che unicamente vede l'invidioso «sguardo dei piccoli», il crescente dolore del lavoro dei dirigenti, di poche teste creatrici, imprenditori, inventori, organizzatori, ingegneri, non è più compreso ed apprezzato; è ancora alquanto apprezzato nella pratica America, ma assai meno nella Germania «dei poeti e dei pensatori». La sciocca frase: «tutte le ruote si fermano, se il tuo forte braccio lo vuole», annebbia i cervelli di chiacchieroni e di scrivani. *Questo* può fare anche un caprone che vada a cadere nel meccanismo. Ma inventare e muovere quelle ruote affinché quel «forte braccio» possa nutrirsi, è cosa che possono solo pochi, nati a ciò.

Questi incompresi e odiati, lo stuolo delle forti personalità, hanno un *altra* psicologia. Essi conoscono ancora il sentimento di trionfo del carnivoro che tiene sotto le zampe la preda palpitante, il sentimento che provò Colombo quando vide, all'orizzonte, apparire la terra, il sentimento di Moltke a Sedan, quando, nel pomeriggio, dall'altura di Frénois osservava l'anello della sua artiglieria saldarsi presso Illy e con ciò completare a vittoria. Simili momenti, il vertice di ciò che un uomo *può* provare, sono quelli in cui una grossa nave davanti agli occhi del suo costruttore abbandona la cala, o una nuova macchina incomincia a funzionare impeccabilmente, o il primo Zeppelin si sollevò dal suolo.

Ma è proprio della tragicità di questo tempo il fatto che il pensiero umano scatenato non può più abbracciare i suoi stessi risultati. La tecnica è diventata esoterica come la matematica superiore di cui si serve, come la teoria fisica che col suo frantumarsi in astrazioni del fenomeno è penetrata sino alle pure forme fondamentali della conoscenza umana, senza bene avvedersene. La *meccanizzazione del mondo* è entrata in una fase di pericolosa supertensione. L'immagine della Terra con le sue piante, i suoi animali, i suoi uomini, s'è mutata. In pochi decenni la maggior parte delle grandi foreste è scomparsa, fu trasformata in carta da giornali; così sopravvennero mutazioni del clima che minacciarono l'agricoltura di intere popolazioni. Numerose razze di animali furono, come il bufalo, quasi interamente distrutte; intere razze umane, come gli Indiani dell'America del nord e gli Australiani, sono pressoché scomparse.

Tutto ciò che è organico soggiace all'organizzazione che sempre più si propaga. Un mondo artificiale pervade e insidia il mondo naturale. La stessa civiltà è diventata una macchina che fa o vuole ogni cosa per mezzo di macchine. Ormai si pensa solo in cavalli-vapore. Non si vede più una cascata d'acqua senza trasformarla col pensiero in energia elettrica. Non si vede un paesaggio gremito di armenti pascolanti senza pensare al valore della carne di questi; non si osserva una bella antica opera manuale d'una popolazione primitiva senza provare il desiderio di produrla con un moderno processo tecnico. Abbia senso o no, il pensiero tecnico *vuole* realizzarsi. Il *lusso della macchina* è conseguenza d'una costrizione del pensiero. La macchina è, in ultima analisi un *simbolo*, come il suo segreto ideale, il «*Perpetuum mobile*», è una necessità dello spirito e dell'intelletto, non una necessità vitale.

Essa comincia ad essere spesso in contrasto con la prassi economica. La decadenza si annunzia già d'ogni parte. La macchina, col suo numero e col suo raffinamento, finisce col venir meno al suo scopo. Nelle grandi città l'automobile, per il suo grande numero, è diventato inefficace: si cammina più presto a piedi. In Argentina, a Giava ed altrove il semplice aratro a cavallo del piccolo proprietario si rivela economicamente superiore ai grandi motori e li soppianta. Già in molte regioni tropicali il contadino di colore col suo primitivo modo di lavorare è diventato un pericoloso concorrente della moderna azienda rurale tecnica dei bianchi. E l'operaio industriale bianco della vecchia Europa e del Nord-America comincia a diventare problematico col suo lavoro.

È stoltezza parlare, come fu di moda nel secolo XIX, della minaccia di esaurimento dei giacimenti carboniferi entro pochi secoli. Anche questa fu una concezione materialistica. Astraendo dal fatto che già oggi petrolio e forza idraulica formano riserve di energia inorganica di enorme estensione, è probabile che il pensiero tecnico scopra o schiuda molto presto altre fonti di energia. Ma non si tratta di simili spazi di tempo. La tecnica dell'Europa occidentale e dell'America giungerà *prima* al suo termine. Nessuna volgare circostanza come la mancanza di materie prime può arrestare questa formidabile evoluzione. L'uomo, finché si trova al vertice il *pensiero* che opera in lui, saprà sempre creare i mezzi per raggiunge i suoi fini.

Ma fin quando quel pensiero si troverà in alto, al vertice? Anche solo per mantenere all'attuale livello la complessiva massa di impianti e aziende tecniche, sono necessarie, poniamo, 100.000 teste eminenti: organizzatori, inventori e ingegneri. Costoro devono essere temperamenti forti, dotati di qualità creative, entusiasti della loro professione; devono essersi perfezionati durante anni, con ferrea diligenza e con grandi spese. In realtà, da 50 anni in qua, i più fortemente dotati fra i giovani dei popoli bianchi si sentirono, in prevalenza, inclinati appunto a questo mestiere. Già i ragazzi giocavano con oggetti tecnici. Nei ceti e nelle famiglie cittadine, i cui figli hanno qui parte preponderante, si riscontrava un benessere, una tradizione di professioni intellettuali e di raffinata coltura che sono le premesse normali del perfezionamento di quel maturo e tardivo prodotto che è il pensiero tecnico.

Ciò, da decenni, si verifica con sempre maggiore evidenza, in tutti i paesi aventi una grande e vecchia industria. Il pensiero faustiano comincia ad essere sazio di tecnica. Si diffonde una stanchezza, una specie di pacifismo nella lotta contro la Natura. Ci si volge alle forme di vita più semplici, più vicine alla Natura, si fa sport in luogo di tentativi tecnici, si odiano le grandi città, si vorrebbe fuggire dalla costrizione di attività prive d'anima, dalla schiavitù della macchina, dalla chiara e fredda atmosfera dell'organizzazione tecnica. Precisamente gli uomini forti e dotati di qualità creatrici si distolgono dai problemi e dalle scienze pratiche e si volgono alla speculazione pura. Occultismo e spiritismo, filosofie indiane, ruminazioni metafisiche di tinta cristiana o pagana, che al tempo del Darwinismo erano disprezzate, ora emergono di nuovo. È lo stato d'animo di Roma al tempo di Augusto. Per noia della vita, si fugge dalla civiltà in continenti primitivi, nel vagabondaggio, nel suicidio. Comincia la fuga *dei condottieri-nati davanti alla macchina*. Fra breve, non saranno più disponibili che talenti di secondo ordine, ritardatari di una grande epoca. Ogni grande imprenditore constata l'abbassamento delle qualità spirituali nella giovane generazione. Ma il grandioso sviluppo tecnico del secolo XIX fu possibile *unicamente* a patto che il livello intellettuale andasse costantemente salendo. Non è pericolosa soltanto la diminuzione: già la stasi è pericolosa e accenna ad un prossimo termine, per quanto siano ancora pronte al lavoro numerose mani bene ammaestrate.

Ma a che punto siamo? La tensione fra lavoro che dirige e lavoro che eseguisce ha raggiunto il grado d'una catastrofe. L'importanza del lavoro dirigente e il valore economico di ogni autentica *personalità* che in quello si riveli, sono diventati così grandi che la maggior parte non può più, dal basso, vederli e comprenderli. Nell'altro lavoro, nel lavoro delle mani, il singolo è ora *totalmente* privo d'importanza. Solo il numero ha ancora valore. La conoscenza di questa *immutabile* situazione, conoscenza che è messa in rilievo, avvelenata da oratori e scrittori egoisti e sfruttata a scopi finanziari, è così disperante che è umana una insurrezione contro la funzione che *la macchina, e non il suo proprietario*, impone ai più. L'insurrezione comincia in innumerevoli forme, va dall'attentato allo sciopero e al suicidio, è *la rivolta delle mani contro il loro destino*, contro la macchina, contro la vita organizzata, e da ultimo contro tutto e tutti. L'organizzazione del lavoro, quale si trova da millenni *nel concetto dell'agire collettivo*, che si fonda sulla distinzione fra dirigenti e diretti, fra teste e mani, viene dissolta asso. Ma «massa» è solo una *negazione*, la negazione del concetto di organizzazione, non è cosa vitale per se stessa. Un esercito senza ufficiali non è altro che un inutile e perduto mucchio di uomini.[14] Un cumulo di mattoni rotti e di frammenti di ferro non è più un edificio. Questa insurrezione che si estende a tutto il globo minaccia di abolire la *possibilità* d'un lavoro tecnico-economico. I condottieri possono fuggire, ma i gregari diventati superflui sono perduti. Il loro numero significa la loro morte.

Il terzo e più grave sintomo del cominciante crollo si trova però in quello ch'io vorrei definire il *tradimento verso la tecnica*. Si tratta di cose che ognuno conosce, ma che non vengono mai vedute in quella connessione che sola rivela il loro fatale senso. L'enorme superiorità dell'Europa occidentale e dell'America del nord nella seconda metà del secolo scorso in ogni genere di potenza - politica, militare, finanziaria-, e basata sopra un incontestato *monopolio* dell'industria. Grandi industrie, connesse con giacimenti di carbone, vi furono *solo* in *questi paesi nordici*. Il resto del mondo era territorio di smercio, e la politica coloniale si orientò sempre verso la conquista di nuovi territori di smercio e di materie gregge, non di territori di produzione. Carbone c'era anche altrove, ma solo l'ingegnere «bianco» lo poteva scoprire. Eravamo gli unici possessori non delle materie, ma dei *metodi* e dei *cervelli*, educati all'utilizzazione delle materie. *Su ciò* si fonda il lussuoso tenore di vita dell'operaio bianco, che, in

---

[14] Il regime sovietico da 15 anni non cerca altro che di ristabilire con nuovi nomi le organizzazioni politiche ed economiche che ha distrutte.

confronto con l'operaio di colore,[15] *possiede introiti principeschi:* circostanza che il marxismo ha trascurata. Oggi, il problema della *disoccupazione* è diventato attuale nei paesi bianchi. Il salario dell'operaio bianco fonda la sua elevatezza esclusivamente sul monopolio fondato dai capitani dell'industria.[16] L'altezza di questo salario mette oggi in *pericolo* la vita stessa dell'operaio, minacciato di disoccupazione.

Allora, verso la fine del secolo, la cieca volontà di potenza comincia a commettere errori fatali. Invece di tenere segreto il sapere tecnico, il grande tesoro posseduto dai popoli «bianchi», esso fu spavaldamente offerto al mondo intero in tutte le Università, con la parola e con la penna, e si fu fieri dell'ammirazione di Indiani e di Giapponesi. Si inizia la nota «dispersione dell'industria», partendo anche dalla convinzione che si dovesse avvicinare il prodotto al consumatore, per ricavare guadagni più lauti. Non si esportano più unicamente prodotti, ma anche segreti, sistemi, metodi, ingegneri e organizzatori. Perfino gli inventori emigrano. Il socialismo, che li vorrebbe mettere sotto il suo giogo, li *scaccia.* Tutti gli uomini di colore guardarono dentro il segreto della nostra forza, lo compresero e lo utilizzarono. In una trentina d'anni i Giapponesi diventarono conoscitori tecnici di primo ordine e nella guerra contro la Russia diedero prova di una superiorità nella tecnica militare nella quale i

---

[15] Tra gli «operai di colore» annovero anche gli abitanti della Russia e d'una parte dell'Europa del sud e del sud-est.

[16] Ciò è provato d alla differenza che passa fra il salario d'un garzone nella campagna e l'introito d'un operaio metallurgico.

loro stessi maestri trovarono qualcosa da imparare. Oggi, dappertutto, nell'Asia occidentale, nell'India, nell'America meridionale, nell'Africa del sud, sono sorti o si stanno formando territori industriali che, in causa dei loro bassi salari, costituiscono una concorrenza mortale. Gli insostituibili *privilegi* dei popoli bianchi sono stati sperperati, dissipati, traditi. Gli avversari hanno eguagliati i loro modelli, e forse, con la scaltrezza della razza di colore e con la matura intelligenza di antichissime civiltà, li hanno superati. Dove c'è carbone, petrolio e forza idrica, può essere foggiata una nuova arma contro il cuore della civiltà faustiana. Qui comincia la vendetta del mondo sfruttato contro i suoi padroni. Con le innumerevoli mani degli uomini di colore, che lavorano con la stessa abilità e con molto minori pretese degli uomini bianchi, è scosso il fondamento della organizzazione economica bianca. Il lusso al quale l'operaio bianco s'è avvezzato di fronte al *coolie* cinese, gli diventa funesto. Perfino il lavoro bianco diviene superfluo. Le numerose masse viventi sul carbone del nord, gli impianti industriali, il capitale investito, intere città e zone di terra minacciano di soccombere alla concorrenza. La parte principale della produzione si immagazzina continuamente, da quando la guerra mondiale ha posto fine anche al rispetto dei bianchi da parte degli uomini di colore. Questa è la ragione ultima della disoccupazione nei paesi bianchi, la quale non è una crisi, ma *l'inizio d'una catastrofe*.

Ma per gli uomini di colore (sempre inclusi in questi i Russi) la tecnica faustiana non è un intimo bisogno. Solo l'uomo faustiano pensa, sente e *vive* nella forma di quella. Essa gli è *psichi-*

camente necessaria: non le sue conseguenze economiche, ma le sue *vittorie: «navigare necesse est, vivere non est necesse».*

Per gli uomini di colore, la tecnica non è altro che un'arma nella lotta contro la civiltà faustiana, un'arma come un randello nella foresta, da gettar via quando ha servito al suo scopo. La tecnica delle macchine finisce con l'uomo faustiano e un giorno sarà distrutta e *dimenticata:* distrutte saranno le ferrovie e i piroscafi come un giorno le strade romane e la muraglia cinese; le nostre colossali città e i loro grattacieli come i palazzi dell'antica Menfi e di Babilonia. La storia di questa tecnica si avvicina rapidamente all'inevitabile termine. Questa tecnica sarà logorata e consumata dall'interno, come tutte le grandi forme di qualsiasi civiltà. Quando e in qual maniera, non sappiamo.

Di fronte a questo destino, una sola concezione del mondo è degna di noi: quella già enunciata da Achille: meglio una breve vita densa di fatti e di gloria che una lunga vita senza contenuto. Il pericolo è diventato così grande, per ogni individuo, per ogni ceto, per ogni popolo, che è deplorevole mentire a noi stessi, nasconderci la realtà dei fatti. Il tempo non si può fermare: non vi sono saggi ritorni né prudenti rinunzie. Solo i sognatori sperano nelle vie d'uscita. L'ottimismo è *poltroneria.*

Siamo nati in questo tempo e dobbiamo percorrere coraggiosamente sino alla fine la via che ci è destinata. È dovere tener fermo sulle posizioni perdute, anche se non c'è più speranza né salvezza. Tener fermo come quel soldato romano le cui gambe furon trovate a Pompei davanti ad una porta: egli morì perché quando scoppiò l'eruzione del Vesuvio, si dimenticò di rilevarlo dal suo posto. Questa è grandezza, questo significa aver razza. Questa onorevole fine è l'unica che *non si* può togliere all'uomo.

Fine

www.ingramcontent.com/pod-product-compliance
Lightning Source LLC
Chambersburg PA
CBHW051358280526
45784CB00007B/3013